DADHÁ

PACTO ENTRE ALMAS

RAMÓN ROSSELL

COMENTARIOS DE LOS LECTORES

"Aconsejo esta lectura, estás delante del libro de autoconocimiento y autosanación más auténtico. Esta novela me dio la posibilidad de conocerme mejor. He aprendido que el estado de paz interior y alegría en el ser es un estado natural, y los medios para lograrlo están dentro de las posibilidades de cada uno."

Maria Jesús González González

"Esboza un camino para alcanzar la felicidad, un procedimiento que se basa en ser responsable y comprometerse con uno mismo. Todo esto contado con la amenidad y sencillez de quien sabe que puede cooperar en mejorar la vida de los demás desde el amor universal."

Magda Torres Huguet

"Leyendo este libro las piezas empezaron a encajar y la curiosidad a aumentar. Sin saber mucho más, me abro a descubrir y seguir integrando aprendizajes en los siguientes libros de Ramón. Feliz por permitirme vivir estos ratitos con tus relatos."

Tania Ribeiro

Dedicado a todas las escritoras y escritores que se autopublican, que deciden perseguir aquello en lo que creen y son capaces de regalarnos la más bella literatura.

Ramón Rossell Torres

Aviso de exención de responsabilidad:

Este libro pretende inspirar y entretener expresando la creatividad y vivencias del autor, no dar asesoramiento médico, financiero, legal o psicológico. Consulte siempre con un profesional experto en la materia que desea tratar. Este libro no debe ser interpretado como una garantía expresa o implícita de ningún tipo.

Aviso Legal:

SOBRE EL AUTOR

Ramon Rossell a partir de las letras de las canciones incursionó en la poesía, así adquirió una asombrosa capacidad para improvisar. Al mismo tiempo, lo encontramos maravillosamente libre para inspirarse donde quiera que se encuentre, ya sea la profundad de la novela, la dulzura de una poesía o las líneas rápidas de una canción.

Cuando se le pregunta qué o quién ha tenido la mayor influencia en su literatura, no se lo piensa ni un momento y dice: "el momento presente, el maestro Paulo Coelho y las canciones de mi admirado Miten".

Ramon ha publicado varias novelas inspiracionales a la vez trabaja en trilogías y zagas de libros, para dar luz a nuevas historias.

También está trabajando con cancioneros y poemarios. Nuevas formas, nuevas maneras para abrirse a colaborar con otros escritores, músicos y artistas, personas que fomenten el facilitar la luz a otros seres humanos. Desde España, es facilitador de la escena espiritual en otros países.

Sus libros transmiten el amor universal y publica regularmente artículos de opinión en revistas especializadas en conciencia.

Ramon escribe para todo el planeta y dice que "Es un placer continuo ser un facilitador de la paz en el mundo".

www.ramonrossell.com

¿Escuchaste algo cariñoso ayer?, iba preguntando
Dadhá a sus hermanos del poblado
En la mañana de lluvia, casi al alba, la voz de
Dadhá se entrelazaba como el sonido de un Djembe.

Tocan todavía el tambor, a la primera luz del
alba; su sonido es tenue, cuidadoso, como para
entrar de puntillas en un ritual, un sonido al que se
abre el alma, que se cuela en tu mundo interior o
acalla metiendo la cabeza bajo las sábanas.
«Levántate, que ya sale el sol». Un sonido que no se
puede entender, por ejemplo, en el mundo
occidental. Que también sería adorado por los del
poblado Dagara si no fuera habitual; que sería
íntimamente amado si no actuara de despertador, a
esa hora en que los de la tribu tienen que
despertarse.

¿Escuchaste algo cariñoso ayer?, iba preguntando
Dadhá a sus hermanos del poblado

Contenido

Sobre el autor 9

PRÓLOGO 11

PREFACIO 15

CAPÍTULO I: Nuru 19

CAPÍTULO II: Dadhá 22

CAPÍTULO III: Jesús de Nazaret 25

CAPÍTULO IV: La doctrina de Dadhá 31

CAPÍTULO V: El camino de Dadhá 37

CAPÍTULO VI: La luz de un enamoramiento 59

CAPÍTULO VII: A la luz del conocimiento 75

Agradecimientos 89

PREFACIO

Ahora que estás muy cansado
De hacer una ruta sin sentido
Ahora que estás agotado
Al creer que eres tú quien decide
La vida que quieres, el color de las vestiduras
Y quién le da el sentido.
Ahora que estás dispuesto
A rendirte a la verdad
Aquello que es simple y evidente
Dejarás de fabricar palacios y vientos irreales
La verdad es la verdad
Y solo hay una
Eres un ser de luz
Abundante y sin carencias
Lo único que tienes que hacer
Es no interferir en tu camino
¿Hasta qué punto podemos determinar
nuestro destino?

Ahora, lee y saca tu propia reflexión de esta
historia de hombres y de fe.

DADHÁ

PACTO ENTRE ALMAS

Mi nombre es Bamba y fui criada entre los Dagara. Aunque a veces se nos conoce como Dagara, nosotros nos llamamos a nosotros mismos Dagaaba. Los Dagara somos, probablemente, la tribu más espiritual que vive en África.

Mis recuerdos más intensos son para las reuniones en el poblado, en aquellos tiempos desgranábamos los días con el paso lento, con la cadencia de los versos que se pronunciaban; con el sonido del Djembe, profundo e imponente; los murmullos entre el silencio; los aromas y el humo de las antorchas dando vida a todo lo que veían mis ojos.

Recuerdo que, a la primera luz del día, estábamos en el campamento sentados en cualquier rama de un árbol. A nuestra izquierda teníamos un grupo de mujeres de mucha edad; yo las había observado algunas veces sin darles ninguna trascendencia, hasta que mis compañeros de niñez las descubrieron desde otra perspectiva más espiritual.

17

Las mujeres de más edad y de más sabiduría, se sentaban sobre sus piernas bajo cualquier rama. Los niños las escuchábamos en silenciosa devoción. Sus palabras y la hoguera quemaban todas las energías negativas que pudieran rodearnos.

Además de extinguir las malas energías que podían corromper a las personas más frágiles, las mujeres sabias también tenían otras asombrosas capacidades. Con su magia adivinaban el propósito de vida de los más jóvenes y eso transformaba a los niños en hombres y a las niñas en mujeres, convirtiéndolas, además, en personas orientadas para cumplir con su misión de vida. Su sabiduría conocía los secretos de la vida.

—Nuru, hijo mío —dijo una de ellas con una voz tocada por el cielo—, acércate.

En aquel momento, mi amigo tendría unos doce años más o menos. Nuru se colocó en el centro del corrillo que formaban las mujeres. Parecía nervioso, pero no asustado. Había visto a su madre otras veces haciendo eso mismo. Ah, pero estar ahí, en el lugar que antes habían ocupado otros, no era ni con mucho lo mismo.

Le pidieron que estirase las manos hacia ellas. Todas las mujeres extendieron las suyas hasta juntar las yemas de los dedos. Le pidieron que cerrase los ojos y que mirase al cielo. El pequeño no parecía entender nada, ¿cómo podría ver nada en el cielo mirando con los ojos cerrados?

Se hizo el silencio, la energía que habían creado entre todos actuó. Él cerró los ojos y, como si no dependiera de él, su cabeza se echó hacia atrás para que pudiera mirar al cielo. Casi al instante, los músculos del cuello de Nuru se tensaron, sus brazos se estiraron aún más y las mujeres sintieron cómo la vibración recorría sus cuerpos, primero como una corriente energética, agitando sus brazos, y luego haciendo ondear fugazmente sus manos.

Todos supieron en ese momento cuál era el propósito de vida de Nuru. La más anciana y sabia de todas sonrió a Nuru y a su madre y les dijo:

—Has pasado doce años de tu vida con el nombre de Nuru, y ahora sabemos cuál es tu verdadero nombre. A partir de ahora te llamarás Dadhá, porque tu función es ser guardián del amor.

Dadhá sintió una punzada en el corazón que lo

desconcertó. No sabía muy bien si le estaba pasando algo a su cuerpo o a su alma, pero sintió removerse todo en su interior, como si las palabras de aquella mujer hubieran obrado el milagro de construir dentro de él, dentro de su pequeño cuerpo, la nueva persona que le habían anunciado que sería.

Cuando se recuperó de la impresión inicial, Dadhá sonrió tímidamente, aunque en aquel momento no sabía muy bien qué quería decir aquello de *guardián del amor*. Las mujeres que formaron el corro ritual estaban cansadas. Sus ojos reclamaban descanso, pero, aun así, sonreían al nuevo guardián del amor. Todos nos alegramos por Dadhá, aunque en aquel momento ninguno de los más pequeños sabíamos muy bien qué iba a significar ese cambio en la vida de Dadhá, porque nada parecía haber cambiado y, sin embargo, su mirada se veía distinta, más profunda y misteriosa.

En nuestro pueblo celebrábamos muchos rituales diferentes, pero todos tienen algo en común: enseñarnos que todos somos una sola mente, un solo espíritu, todo amor, conocimiento, verdad y unidad. Todos los Dagara somos uno.

Mi amigo Dadhá ya conocía que el propósito de vida de su alma era guardar el amor. Ninguno de nosotros sabía en ese momento qué le deparaba el futuro al muchacho, pero Dadhá, nuestro querido amigo Nuru, había iniciado el más largo y hermoso viaje de su vida. Mirando hacia aquellos días y pensándolo bien, algo me dice que Dadhá sí que era consciente del cambio y, a pesar de eso, nos regaló una última noche de juegos infantiles.

CAPÍTULO II: Dadhá

Los Dagara somos originarios de Burkina Faso, en África occidental. Allí nos criamos Dadhá y yo junto a otros muchos niños de piel oscura como una noche sin luna.

También, al igual que el resto de los niños de la tribu, Dadhá era un niño pobre que siempre iba sucio pero sonriente. Nos criamos entre el sol del invierno y el sol del verano, y recibimos los regalos en forma de juegos. Como aquel día que una mariposa de color morado comenzó a revolotear entre los niños y acabó posándose en los pétalos de una flor. Nos acordamos de los corrillos que formábamos con los mayores: ellos nos habían dicho que las mariposas son señal de buena suerte. Estos eran algunos de los regalos que nos brindaba el poblado Dagara a lo largo del año. Y mientras jugábamos, los más viejos de la tribu se preguntaban si Dadhá seguiría los caminos que su alma le tenía reservados. Su propia leyenda personal le esperaba y esperaban que, como cada quien que tiene una misión, primero Dadhá aprendiera su lección de vida y descubriera que la verdad es... la verdad.

A pesar de que en nuestra aldea apenas si contábamos con los servicios más básicos, Dadhá se las arreglaba para leer y estudiar a diario. Recuerdo verle meter su pequeña y ancha nariz entre libros que conseguía por aquí o por allá gracias a alguno de los mayores. Cuando se zambullía entre las polvorientas páginas, solo quedaban a la vista sus pequeñas y redondas orejas como marcapáginas a la espera de cumplir su función.

Dadhá era un chico más de la selva, y sus sueños no tenían todavía tantas ganas de magia. Eran ajenos a la alegría que más tarde le llegaría. Pero su madre comenzó a explicárselo desde muy pronto:

—Dadhá, hijo, cuando te acerques a una flor, cierra los ojos y aspira su aroma, es algo mágico que debes conocer.

Un día me surgió una duda, pero no dudé en buscar a Dadhá. Con todo lo que leía, estaba segura de que solo él podría ayudarme. No tardé en encontrarlo aspirando el aroma de una flor, decía que sentía la magia, que la sintiera yo también, y me pidió que me acercara a la flor. Olí la flor, pero solo olía a flor. No me pareció algo mágico, la verdad. Muy agradable, eso sí, pero no mágico.

Cuando terminó de aspirar toda la magia de aquella flor, Dadhá me preguntó en qué podía ayudarme. En la aldea es habitual que alguien te lo pregunte a diario, ya que, entre los de nuestro pueblo, existe la costumbre de ayudarnos en todo lo que podemos, y lo normal es que uno u otro se nos acerque y se preocupe por nosotros. Suelen preguntarnos si hemos escuchado algo cariñoso hoy. Si no contestamos o contestamos que no, quien nos pregunta se preocupará y pensará que algo no nos va bien. «Si no oíste nada dulce es que algo amargo ocupó el lugar de las frases dulces y cariñosas que alguien debió decirte», nos responden. Pero luego, después de pensar un rato, siempre encontramos esa frase dulce que alguien nos dijo y con la que nos alegró el día. En nuestra tribu cuidamos los unos de los otros.

Le pregunté a Dadhá si yo algún día tendría una misión que cumplir como tenía él. Fue la primera vez que lo vi dudar sobre algo. ¿Era posible que Dadhá tuviera dudas?

—Bamba, hermana, una misión de vida implica la ausencia total de miedo. ¿Y a qué es a lo que tenemos miedo? A realizar nuestra misión personal. En eso también me enseñó muy bien mi madre. Aunque tengo dudas, lo único importante es que cumplas tu propósito, el resto consiste en contemplar el paisaje.

Y no me extraña, pues él no tenía poco que facilitar, ya que su leyenda personal consistía en enseñar la sabiduría del bosque africano por todo el mundo de la mano del Jesucristo de la piel negra. Ese era el camino que tenía que recorrer, para seguir los caminos que dicta el alma, para alcanzar su meta: convertirse en el guardián del amor en la tierra.

Aunque yo esperaba que fuera él quien lo hiciera, no fue Dudhá quien me contó algo acerca de mi misión de vida. Un anciano del poblado me dijo:

—Bamba, no pienses en lo que dejas atrás cuando empieces a recorrer tu camino de vida. Ten siempre presente que no es suficiente con expresar la fe y la confianza en Jesucristo.

Pensé que, tal vez, el viejo de la tribu desconfiaba de mí, pero mi mirada no se lo hizo saber; mis ojos, que son grandes y muy verdes, respondieron a sus palabras con vivos brillos.

El viejo caminaba a mi lado, con un paso lento y atento a los movimientos del águila que se posaba en su hombro. Cuando el anciano se paraba, el águila levantaba el vuelo en busca de alimento. Luego, el viejo prosiguió con su enseñanza:

—Bamba, no bastará con que hables de Jesús desde el agradecimiento.

Sus enigmáticas palabras me dejaron pensando: ¿qué quiso decirme?, ¿cuál era el mensaje?, ¿cómo podría descifrarlo?

En otras conversaciones que había mantenido con él, sus palabras me habían resultado claras y me habían ayudado enormemente a despejar las dudas existenciales que, a todos, en algún momento, nos ocupan.

—Sí, Bamba, es necesario que cumplas tu misión de vida, y la forma en que debes hacerlo es poniéndote al servicio de las enseñanzas de Jesús y a favor de la verdad; pues fue Jesús quien nos reveló que el Espíritu Santo protegería a los hombres — sentenció el anciano.

No supe qué responder a sus palabras. Y no me pareció que él estuviera esperando una respuesta de mi parte, así que me puse a darle vueltas a lo que me había dicho, a intentar comprenderlas, pues parecían importantes para mi futuro. Debía extraer el importante mensaje que, sin duda, intentaba ofrecerme.

Desde muy pequeña me habían hablado de las enseñanzas de Jesucristo. En el poblado nos referíamos a la figura de Jesús de Nazaret como el Jesucristo de la piel negra. Siempre tuve la intuición de que las enseñanzas de Jesucristo eran la esencia de la verdad. Y cuando miraba su imagen solo podía sentir eso mismo. Bajo su pelo largo me lo imaginaba regalando su discurso valiente y liderando con él el bien y la paz.

Recuerdo que aquella noche extendimos las mantas alrededor de la hoguera para sentarnos el sabio de la tribu y yo. Eran noches frías, y el cielo estaba cubierto de nubes que ocultaban poco a poco a la luna.

El sabio y yo nos quedamos observando el cielo en silencio durante unos minutos. Un suave viento nos trajo las primeras gotas de lluvia, y poco después nos trajo el olor a tierra mojada que hoy todavía puedo recordar intensamente con solo cerrar los ojos.

Aún en silencio, cruzamos nuestras miradas y el viejo atizó un poco la llama de la hoguera para que soportara la lluvia.

Faltaba poco para que llegara la medianoche y el viento se volvió más ligero. Aunque no sabía si estaba haciendo bien, rompí el silencio porque sentí la necesidad de profundizar en nuestra conversación, debía saber más sobre lo que la vida me tenía reservado.

—¿Cómo sabré si he fallado en mi misión de vida?

Después de mostrarme una sonrisa como si estuviera esperando mi pregunta, el sabio me contestó:

—No hay fallos, Bamba. La vida de todas las personas siempre es para bien. No es posible fallar. Como no hay fallos en la vida de Jesús.

Me costaba seguir las palabras del sabio. Y eso que parecían muy claras, pero entonces yo solo era una niña. Pensé en lo que ya sabía sobre la vida de Jesús, que no era mucho, la verdad. Sabía que vivió en Galilea, y que cuando tenía treinta años empezó a predicar una doctrina que atraía a la gente del pueblo, pero que no gustaba nada a las autoridades. También sabía que la gente humilde que vivía cerca del lago de Genesaret siguió al maestro Jesús allí donde fuera. En el poblado me habían explicado que, mediante parábolas, Jesús proclamaba la necesidad de ser compasivos, de ayudar a los pobres, de trabajar por la paz... Ah, y que nos amáramos los unos a los otros, eso también. Recordaba muy bien que me hablaron del llamado *sermón de la montaña*, porque nos enseñaron que en ese sermón podríamos conocer todo su pensamiento de forma resumida.

El anciano me sacó de mis reflexiones cuando retomó la conversación como si continuara con palabras mis propios pensamientos:

—La predicación de Jesús, que cada vez arrastraba a más gente, inquietaba en la misma medida a las autoridades de la ciudad, que temían ya el respeto y el liderazgo que la gente le otorgaba al maestro.

Muchos veían en él al mesías que tenía que liberar al pueblo judío de la ocupación extranjera, justo como anunciaron los antiguos profetas. Como tú conoces bien, Bamba, finalmente, Jesús fue enviado a comparecer ante el gobernador romano bajo la acusación de haberse proclamado *rey de los judíos*. Ya sabes qué ocurrió, Bamba. —Hizo una pausa, pero respondió él mismo lo que yo ya sabía tan bien—. El gobernador lo condenó a morir crucificado.

La historia de Jesús se resumía en que era el hijo de Dios, que su padre lo había enviado al mundo, naciendo del seno de María y de la fuerza del Espíritu Santo, para cumplir como hombre su misión mesiánica de vida hasta la cruz y, finalmente, la resurrección. Digamos que no era del todo fácil asimilar esa gran historia para una niña de tan corta edad como era yo entonces.

El sabio me aclaró algo importantísimo para entender todo un poco mejor.

—Aquella misión salvífica del hijo de Dios, bajo la apariencia de un hombre, la llevó a cabo Jesús gracias a la potencia del Espíritu Santo.

Antes de continuar la conversación, el sabio me ofreció un trago de agua.

—Sé que, para una niña de tu edad, la historia de Jesús entraña muchos misterios, pero déjame que te explique. Él sufrió muchas amenazas a lo largo de su vida. Un día llegaron unos fariseos y le dijeron: «Sal y vete de aquí, porque Herodes te quiere matar». A lo que Jesús respondió; «Decid a aquel zorro que me quedo aquí, que expulso a los demonios y que haré curaciones hoy y mañana, porque al tercer día acabaré mi obra». Bamba, ¿sabes por qué Jesús llamó *zorro* a Herodes? Zorro es otra forma de decir astuto, taimado. Y es que Jesús no se dejó engañar por nadie. Proclamó que su vida tenía un plan definido y que no estaba dispuesto a pararse. Anduvo durante un tiempo hasta llegar a Jerusalén, su destino final, y nunca dio un paso atrás. Su coraje y su valentía fueron tales que no se acobardó ante ninguna amenaza por grave que fuera. ¡Gracias a ello cumplió su misión de vida! —sentenció el sabio con los ojos encendidos.

Apenas si había repetido en mi mente las palabras del sabio, cuando se levantó, me besó en la frente y se marchó en dirección a las montañas. Aunque se marchara, sus palabras y sus enseñanzas se quedaron conmigo por siempre.

No tardé en sentir una voz. No provenía de los alrededores, acaso de arriba, de muy arriba porque la sentía directa en el corazón. Decía así:

Cristo
Jesucristo es
Jesucristo es amor
Jesucristo es horizonte limpio

Jesucristo es el alzamiento de luces

Jesucristo es el impecable generoso vivir

Jesucristo es estupefacción sublime entraña de ser

Estupefacción sublime entraña de ser es
Jesucristo

El impecable generoso vivir es Jesucristo

El alzamiento de luces es Jesucristo

Horizonte limpio es Jesucristo

Amor es Jesucristo

Es Jesucristo

Cristo

Aquella voz me trajo una paz y una alegría interiores que nunca había experimentado. Apenas si pude dormir pensando que yo no merecía tal favor de los cielos. Nunca habría dicho que yo merecía la atención de los planos superiores.

CAPÍTULO IV: La doctrina de Dadhá

Sí, después de mucho tiempo, sus palabras siguen resonando en mi cabeza. Aún me es posible oosar enseñanzas de los consejos del anciano.

Y así, pensativa, me encontró un día Dadhá.

—Hola, Bamba. ¿Escuchaste algo cariñoso ayer? —preguntó Dadhá, a quien yo ya veía como uno más de los adultos.

Me quedé callada. No pude evitar que Dadhá se preocupara por mí. Se lo noté enseguida. Como si pudiera leer mis pensamientos, Dadhá parecía ofrecerme respuestas. Empezó a dibujar en la arena, y mientras dibujaba, las palabras del sabio de la tribu volvían a mi cabeza como quien vuelve a su querido hogar después de mucho tiempo.

Muy poco después, Dadhá volvió a reclamar mi atención. Se hizo a un lado y pude ver lo que había dibujado en la arena: había escrito: «Alma».

—El alma es la respuesta a muchas de tus preguntas. El ser humano comete siempre un error que ahora me parece increíble: se identifica con su cuerpo físico. Y no solo a sí mismo, sino que hace igual con cualquier otro. El ser humano detiene su mirada en lo físico y no presta ninguna atención al alma. El alma es también uno de los nombres del yo verdadero. Tal vez sea lo más importante. Somos alma, el alma es soplo, aire, aliento del nosotros. El alma es...

—El alma es quien dicta la misión de vida— interrumpí a Dadhá recordando las palabras del viejo de nuestra tribu. Lejos de molestarse por mi interrupción, Dadhá me regaló la sonrisa más grande que le había visto jamás.

—Eso es, Bamba. El alma dicta nuestra misión de vida. En verdad, eres bendita, Bamba, aunque tú todavía no te des cuenta de ello. En este mundo todos tenemos los medios para aprender que lo somos y para verlo con claridad. Es un camino que todos podemos y debemos recorrer: nuestro propio conocimiento.

Si no, dime, Bamba, ¿de qué otra forma podríamos ayudar a los demás?

Sabiamente, Dadhá dejó que sus palabras florecieran en mi entendimiento. Mientras eso ocurría, Dadhá posó sus negros ojos sobre mí: le gustaba verme pensar. Cuando alcé la mirada, allí estaban esos ojos, esperándome. El cruce de miradas hizo brotar la enorme y blanca sonrisa de Dadhá. Al momento, sus palabras volvieron a llenarlo todo de conocimiento y sabiduría al compás de los enérgicos movimientos de sus manos.

—Para poder beneficiar a los demás a través de nuestra misión, antes debemos recibir esa bendición que es la propia misión. Y cuando la recibimos, debemos aceptarla como propia, asumirla y tomar la iniciativa para extender a los demás nuestra bendición. En un mundo en el que la negación y la falta de dirección es la única ley universal, es necesario obtener pruebas directas y determinantes de la verdad. Y debemos buscar esas pruebas fuera de nosotros mismos. Piensa esto: si no hubiera tenido más pensamientos que los míos, el resultado de mis reflexiones habría sido un camino sin salida, sin luz del exterior. Pero en cuanto comprendí esto, compartí mis pensamientos con Dios y los hice llegar más lejos, incluso, que mis creencias. En ese camino hacia Dios encontré la verdad que debía defender y amar. Es fácil elegir cuando todo está iluminado por la luz del conocimiento de Dios. Y no pienses que algo me obligó a dejar mis creencias anteriores a un lado, no, simplemente decidí renunciar a ellas cuando comprendí que esos pensamientos hacia Dios y para Dios serían mis nuevas creencias.

Apenas se había desvanecido el eco de las últimas palabras de Dadhá cuando reanudó sus enseñanzas:

—Así es, Bamba, es el alma quien dicta la misión de vida, pero somos cada uno de nosotros quienes debemos estar en sintonía para poder escuchar las señales que envían el alma y el corazón.

Cuando terminó de hablar, se pasó la mano por la larga y negra cabellera que lucía. Ese día no lo llevaba recogido en una cola, sino despeinado, casi alborotado, como todas las ideas que tenía yo en ese momento danzando por mi cabeza.

No pude resistirme a preguntar; necesitaba saberlo:

—Dadhá—dije esperando captar su atención, pero no hizo ninguna falta, porque Dadhá, como el sabio de la tribu, parecía estar esperando mis preguntas. Supongo que cuando alguien está repleto de sabiduría, las preguntas le llegan desde fuera—. Dadhá, ¿existe algún secreto para escuchar con más facilidad la llamada de mi alma?

—No —respondió Dadhá casi en un susurro. Me sentí confusa al escuchar aquello, pero su luminosa sonrisa hacía que ese *no* pareciera menos no. Dadhá se apiadó de mi gesto de confusión y se explicó—: La llamada del alma es luz pura y noble, es algo mágico, pero sin los secretos y los trucos de la magia.

Del mismo modo que ya me había ocurrido con el sabio anciano de la tribu, las palabras de Dadhá me invitaron al recogimiento de mi mundo interior. Necesitaba un momento a solas con todas aquellas ideas para asimilar su fuerza, su rotundidad.

Desde la profundidad de sus pequeños ojos, Dadhá me miró fijamente. Casi podía sentirlo entrando en mis pensamientos para ver si todo ahí dentro estaba como debía estar.

Incluso hoy recuerdo muchos detalles de aquel momento con Dadhá. Recuerdo, y sonrío al hacerlo, sus ropas de colores llamativos, que no eran sino una representación de la incontenible alegría que exudaba por todos los poros de su piel.

Y ahora, recordando aquellos días, puedo comprender mejor los sentimientos que siempre han definido y adornado a Dadhá.

Dadhá siempre ha sentido una intensa piedad por el sufrimiento humano, un sentido amor por el bien común.

Otra de las grandes cualidades de Dadhá es el profundo conocimiento que tiene del ser humano. Algo que ha conseguido investigando, sin descanso sobre sí mismo, sobre su propio crecimiento personal. Esa práctica le ha regalado el tesoro de conocer a las personas para saber cómo ayudarlas mejor. Él se siente feliz por todo lo aprendido, se siente un ser de luz y todo un aprendiz de la vida que intenta cambiar aquello que no le ayuda a acercarse a su propósito de vida. Dadhá aprendió que la simplicidad es el camino para llegar hasta lo que algunos llaman suerte; y que la magia de la sencillez es mejor que cualquier truco que uno crea que puede aplicarle a la vida. Y es que los que tienen magia no necesitan trucos.

Ese es Dadhá; con una vida marcada por el deseo de encontrar el verdadero amor y formar una familia sobre sus cimientos. Y ese es el amor que siempre ha buscado, el mismo amor del que tantos hablan poetas, filósofos o cantautores, y muy pocos tienen la suerte de encontrar.

Dadhá siempre ha sido un investigador de la vida, de las conexiones entre el alma y el cuerpo. Así es como ha intentado vivir siempre, como el reflejo de un Dagara, como la chispa de un trovador colgado de una luz. Alquimista y soñador, intentaba entender y hacer entender que no era nadie fuera de lo común, no pedía reconocimiento, como si quisiera pasar inadvertido, y esa es precisamente su extraordinaria grandeza.

No he conocido nunca a nadie más que tuviera esa relación con la vida, viviéndola desde el desapego. Su influencia en mí ha sido fundamental para mis pasos por la vida, por eso lo tengo siempre tan presente a él y a sus palabras.

Quería a cada momento encontrarse con su alma, que es aquello que nunca muere. Sus palabras fueron y son doctrina, y lo son para mí y para todos aquellos que han tenido la suerte de cruzárselo en su vida.

Tal vez para poder compartir con todo el mundo aquello que Dadhá estaba experimentando en su propio ser, surgió en él desde muy niño la pulsión de escribir. Aunque en el poblado no era raro ver libros, sobre todo, entre las manos de Dadhá, lo cierto es que a nadie lo había puesto la vida sobre la idea de ser escritor. Hasta que ocurrió con Dadhá. Su creatividad y su capacidad para utilizar el arte de la escritura para crear alegría llamó la atención de los más sabios, quienes lo dejaron hacer y experimentar. Pronto comprobaron que sus letras transmitían esa alegría vital, pero no de un modo vano y superficial, sino con un trasfondo de valores sólidos: los valores de nuestro pueblo.

A veces su escritura no era sino letras de canciones que llevaban, además de la alegría, la paz a los corazones de quienes las leían o las escuchaban.

Él estaba al servicio de la creatividad y la creatividad estaba al servicio de su leyenda personal:

41

encontrar el amor que había venido a buscar para poder propagarlo con generosidad entre quienes lo escucharan.

CAPÍTULO V: El camino de Dadhá

Desde que aquella ceremonia le reveló su misión de vida, Dadhá recorrió en muy poco tiempo el largo camino de la sabiduría, y ya desde muy joven, los sabios de la tribu, que conocían muy bien su potencial, le dejaron hacer. Cualquiera que no lo conociera bien podía pensar que Dadhá nació ya sabiendo y dispuesto a compartir con generosidad sus conocimientos.

Comenzaron a llegar gentes de todas partes del mundo, aunque con algo en común, querían encontrar lo mismo que Dadhá había encontrado, y acudían a él para iniciarse en su camino de sabiduría, de paz y de alegría.

—Hagamos un buen atardecer. ¡Sed bienvenidos! —dijo Dadhá con una de sus enormes sonrisas.

Nadie se atrevió a contestar más que asintiendo con la cabeza tímidamente. Tal era la expectación que suscitaban las palabras de Dadhá, aunque no fueran más que un caluroso recibimiento sin aparente trascendencia.

Dadhá se sentó en el suelo y, colocándose una mano sobre los ojos para protegerse del sol, dijo:

—Habéis venido muchos. ¡Es extraordinario! Habéis venido tantos hoy... Os agradezco de corazón vuestra visita. —Antes de continuar, los miró uno a uno a modo de saludo único y personal—. ¿Sabéis? Hay días en que tengo el presentimiento de que no podré compartir con muchas personas todo lo que sé sobre la alegría, la amistad y el amor. Pero me ha dado una alegría inmensa saber que hoy podré compartir la sabiduría de nuestra tribu con tantas personas hermosas y amables. —Las sonrisas se propagaron por los rostros de los visitantes como un incendio de alegría—. ¿De qué tribu sois?

Dejó que los visitantes contestaran y prestó atención a cada uno como si en ese momento no existiera nadie más en el mundo. Eso les infundió tranquilidad y confianza para hablar con el maestro.

Aquellas personas venían desde muy lejos, tan lejos como una cultura diferente. Habían viajado hasta Burkina Faso para conocer las enseñanzas de Dadhá desde un país que se llamaba Cataluña.

Dadhá ofreció unos segundos de sonriente silencio para agradecer el enorme esfuerzo que suponía ir a verlo desde tan lejos.

Sin dejar su eterna sonrisa, Dadhá se puso en cuclillas y comenzó a hablar:

—Decidme, ¿os da miedo ir de noche por el bosque?

Nadie allí pudo evitar un gesto de sorpresa. Tal vez no sabían que Dadhá no imparte leyes o normas, sino que hace preguntas para que cada uno encuentre sus propias leyes y normas de vida en su propio interior.

Dadhá levantó las cejas como eco de la pregunta que había hecho. Su gesto no obtuvo palabras como respuesta, sino algún movimiento por parte de su audiencia: todos asintieron con mayor o menor determinación.

Eso dio pie a que Dadhá continuara con su exposición.

—Entiendo. Es normal que os dé miedo el bosque de noche. Supongo que habrá otras cosas que no os den miedo, por ejemplo, los planes de pensiones o la sociedad capitalista en la que vivís. A nada de eso le tenéis miedo, ¿me equivoco?

Si antes había hecho brotar movimientos verticales en los congregados, ahora, las palabras de Dadhá consiguieron abrir los ojos de los de la tribu catalana. Todos abrieron mucho los ojos para poder mirarse por dentro, para poder preguntarse si en verdad sentían esos temores que sugería el maestro. Ellos habían ido hasta allí para asistir al ritual que celebraba Dadhá y lo único que se encontraban eran preguntas.

—Mirad —prosiguió Dadhá antes de que nadie tuviera que confirmar con palabras lo que para el maestro ya era algo nítido—, una vez conocí a un occidental que vivía en Alemania. Al igual que vosotros, vino a visitar este humilde poblado.

Pero, a diferencia de vosotros, aquel hombre vino a contarme su historia. Y yo le escuché con suma atención. Me explicó que un día fue a un banco para contratar un plan de jubilación. Después de rellenar algunos formularios, le pidieron que rellenara más. Ya sabéis cómo es la burocracia, siempre lejos del corazón. —Dadhá simuló tener sed y bebió agua para dar tiempo así a que los que lo escuchaban sintieran resonar el eco de aquellas palabras en su cabeza. Yo no tenía duda de que los de aquella tribu empezaban a sentirse identificados con el hombre cuyo relato estaba narrando Dadhá—. Un tiempo después, aquel hombre necesitó recuperar su dinero para atender un asunto familiar que podía esperar. Pero el banco no le dejó tocar el dinero. ¿Recordáis todos esos papeles que tuvo que firmar? Pues en alguno de ellos, el buen hombre aceptó que el banco decidiera cuándo podía atender sus asuntos familiares y cuándo no.

Los de la tribu foránea asintieron con la cabeza, ahora más leve y más lentamente que antes, como en un gesto tintado sutilmente de culpa y de responsabilidad.

—¿Os dais cuenta de cómo os complicáis la vida los occidentales con los bancos?

De nuevo, todos quedaron en silencio. El maestro había lanzado otra pregunta que llegaba al interior de los visitantes como una luminaria en el cielo más oscuro, alumbrando en realidades lo que hasta ese momento solo eran dudas e incertidumbres en los corazones de aquellos occidentales.

Antes de continuar, Dadhá se levantó y todos lo siguieron con la vista hasta el árbol que tenían más cerca. Allí se encaramó el maestro para proseguir su enseñanza, sentado en una rama gruesa que le ofrecía una posición privilegiada, pero discreta, de autoridad, pero hospitalaria.

—Yo soy Dadhá. Mi nombre significa «Guardián del amor». Nací y me crie en esta tribu de los Dagara de Burkina Faso. Y junto a mi futura mujer y mis hijas, compartiré la sabiduría de mi pueblo y del bosque africano con todo el mundo. Y para eso habéis venido hasta aquí desde tan lejos: para asistir a este ritual de enseñanza y aprendizaje. Pero para poder seguir el ritual y que tenga efectos beneficiosos para vuestra alma, debéis estar dispuestos a escuchar. Pero dispuestos de verdad, de corazón. Para demostrarlo, para demostrároslo a vosotros mismos, repetid conmigo este mensaje: «Te escucho, espíritu. Quizás no sé muy bien qué debo hacer, pero te escucho con todo mi corazón».

Cuando dijo estas palabras, saltó de la rama desde la que estaba hablando y mientras bajaba, sin perder la sonrisa, susurró: «Ojalá, escuchéis más a vuestra alma, ojalá. Benditos seáis».

Los de la tribu catalana seguían el discurso de Dadhá con expectación; pero también con algo de asombro cuando, después de rodear al grupo, Dadhá se subió de un salto a un pequeño talud y quedar en lo más alto en cuclillas. Desde allí los oteó como un águila otea a los campos verdes. No les juzgaba, entendía que todos hacemos lo que sabemos y podemos con la conciencia que tenemos.

Era bueno que vivieran desde el presente.

—Si olvidamos el alma, estaremos dejando que el ego se haga cargo de todo. Y para ocultar sus errores nos hará creer que nos encontramos bien. Así de estrecho es el camino del ego. Y lo entiendo. Lo entiendo porque nos resulta muy fácil perdernos en la mundanidad y olvidarnos de que cada alma debe vivir su experiencia de vida. Como si eso no fuera tarea y responsabilidad nuestra.

En el tiempo que Dadhá dejó para que sus palabras fluyeran hasta los corazones de los catalanes, estos, entre incrédulos y sorprendidos, apenas se percataron de que el maestro Dagara había pasado de enseñar con preguntas a hacerlo con respuestas. Sabía muy bien que sus palabras calaban hondo en quienes lo escuchaban desde el corazón. Ahora, después de mucho tiempo, creo que yo también empiezo a comprenderlo. Dadhá habla sin antifaz, sin dobleces, desde la más pura y noble honradez.

Nadie podíamos saber, tal vez Dadhá sí, si quienes venían a encontrar el tesoro de su sabiduría serían capaces de hacerlo, pero el maestro veía cada encuentro como una ocasión perfecta, como un hermoso baile en el que compartir conocimientos del alma y rituales para cuidarla.

Dadhá observaba con curiosidad cómo las ideas parecían ir de un lado a otro de la cabeza de aquellos visitantes. Sus muecas lo decían todo para él. La gente, en general, es transparente para Dadhá.

Mientras ellos pensaban en sus palabras, la mente de Dadhá fluía hacia una idea que se encontraba en los cimientos de todo su saber: la verdad… es la verdad.

Dadhá ve a todo el mundo como seres de luz llenos de abundancia, pero a los que no cabe decidir nada, pues para eso ya está Dios, que es quien decide nuestra realidad, lo que somos, lo que vemos, lo que sentimos... Para el maestro, todos formamos una sola mente, como un solo para Dios. Debemos anular el ego, que está diseñado para ser sufridor; y debemos hacer hueco en nuestros corazones al Espíritu Santo, que nos guía hacia lo que es real. Dadhá saludaba con una sonrisa a la inocencia de nuestros hermanos catalanes. Él sabía bien que la clave de todo es comprender que ego y alma son conceptos contrarios e incompatibles. Y su objetivo pasaba ahora por hacérselo ver justo de esa manera. Para cada encuentro con otros hermanos era un encuentro perfecto. Un «baile», un compartir y una ocasión para facilitar el amor.

—Según nuestra tradición —las palabras del maestro sacaron a los visitantes de su ensimismamiento—, cada uno de nosotros es depositario de un alma. Pero esa alma no es un préstamo, sino un huésped, alguien que nos ha elegido para vivir en nosotros, gracias a nuestra forma física su leyenda personal y única. —Las miradas expectantes de los congregados ante Dadhá le dieron pie para ofrecer una idea que se guardaba para estas ocasiones. Tomó aire y la pronunció con una cadencia armoniosa—: Las almas eligen su nuevo hogar, a veces eligen una persona, a veces otra distinta y otras veces ni siquiera eligen una persona, sino un árbol o un río. ¿Recordáis ese río que habéis cruzado para llegar hasta aquí? Nadie puede asegurar que ese río no contenga el alma del bisabuelo de mi bisabuelo. Todos nacemos y morimos en el mismo conjunto, en la misma unidad. Todos somos uno. Posiblemente, alguien es ahora el río que da volteretas entre las montañas.

Rostros confundidos o asombrados poblaban ahora la audiencia de Dadhá. Por lo que decidió explicar un poco más antes de comenzar el ritual:

—Lo que quiero decir es que tenéis que confiar en vosotros mismos y, por lo tanto, creer en vuestra capacidad, porque no sois vosotros, sino vuestras almas las que os aportan esa capacidad y esa misión de vida. Repetid conmigo: «Sé lo que tengo que hacer».

El dulce hablar de Dadhá parecía operar alguna clase de magia en quien lo escuchaba. Todos repitieron para sí o en voz alta el mensaje que propuso Dadhá. Cuando todos repitieron, prosiguió:

—Cada vez que queráis realizar un ritual, debéis reconocer que antes de llegar vosotros a este mundo, generaciones y generaciones de ancestros vuestros, de todos nosotros, ya estuvieron aquí; y aún siguen aquí formando el conjunto del que todos participamos, del que todos nosotros somos una pequeña pero imprescindible parte.

Dadhá pidió a los de la tribu de Cataluña que se colocaran formando un círculo en torno a él. Les pidió que tomaran la mano al compañero de su lado y que repitieran lo que dijo a continuación:

—«Ancestros, venid y estad con nosotros de forma que os podamos sentir y hacer lo que proponemos». Al decir esto —continuó Dadhá—, habréis iniciado el ritual. Entrad, pues, al fondo del corazón y escuchad el latido y el ritmo. ¡Escuchad vuestro corazón!

Dadhá esperó a que volviera hasta él el fuerte eco de todos aquellos corazones repitiendo el mensaje.

—Recuerdo que, cuando era niño, una de mis abuelas, mi abuela Lalá, nos enseñaba rituales como este. Y ahora yo lo comparto con vosotros para hacerlo aún más grande y hermoso.

Los occidentales no despegaban la mirada de Dadhá ni un momento.

—Para empezar el ritual como debe hacerse, lo primero es definir el espacio en el que vamos a realizarlo.

—Bien, maestro —dijo una de las chicas del grupo—, pero qué nos aconsejas para marcar los límites del ritual.

La naturalidad con la que habló sorprendió a Dadhá, quien no parecía impresionado, en cambio, por el rojo intenso del pelo de la chica y las numerosas pecas que cubrían de forma graciosa su cara. Dadhá agradeció la pregunta y explicó qué debía hacerse para sumergirse en un ritual.

—Escoge un lugar en el que puedas erigir un pequeño altar y colocar velas. Toma ceniza y traza un círculo con ella tan grande como creas necesario. No importa el tamaño mientras sea suficiente para el objetivo del ritual. Si es para resolver una discusión entre dos personas, bastará con que esas dos personas puedan sentarse en su interior. Si es para otra finalidad en la que, por ejemplo, estén implicadas más personas, el círculo deberá ser tan grande como para acogerlas a todas. Si os dais cuenta, el ritual es válido para muchos fines, y se adaptará a lo que necesitéis en cada momento. Cuantas más veces hagáis el ritual más sencillo os resultará entender su naturaleza. Ah, y también notaréis que os hace más fuertes cada vez.

Un hombre de la tribu catalana carraspeó antes de hablar, y Dadhá dejó de hablar para dar paso a su pregunta:

—¿Por qué tenemos que utilizar ceniza? — preguntó con cierta desconfianza.

—Debemos usar ceniza porque nos brinda protección gracias a su conexión con el fuego. Nos ayuda a invocar a los espíritus y a conectarnos entre nosotros. Además, evita que las energías negativas se introduzcan dentro del círculo durante el ritual. Podéis usar ceniza de cualquier cosa quemada, preferiblemente que no tenga clavos ni sustancias químicas. Por otro lado, el altar tiene que presentar elementos significativos que simbolicen cosas buenas para ti y tiene que ser visualmente agradable; puedes poner, por ejemplo, velas, agua, flores, tejidos, máscaras o fotografías.

—Eso parece un poco obsesivo y peligroso. En mi cultura europea, esa manera de actuar es propia de los soñadores. —Sus palabras no parecían malintencionadas, sino solamente desconfiadas, tal vez le parecía algo destructivo, lo que tuviera que ver con el fuego y con las cenizas.

—Créeme, hermano —comenzó Dadhá su respuesta—, respeto mucho tu cultura, como respetuosos son los rituales Dagara con todos los que se acercan a ellos. Escucha mis palabras, hermano, y confía. Debemos confiar en los corazones. —Aunque Dadhá era una persona dulce y bondadosa, también sabía ser muy directo y claro cuando algo podía convertirse en un conflicto.

Interrumpiendo la descripción que Dadhá se disponía a hacer del ritual, alguien lanzó una pregunta repentina:

—Maestro, ¿debemos confiar en todos los corazones?, ¿todos son confiables?

Nunca vi a Dadhá titubear, ni siquiera ante preguntas difíciles como aquella. Antes de ofrecer su explicación, Dadhá sonrió de nuevo.

—En los rituales celebrados en favor de una

relación, a veces es útil construir un altar para la pareja y otro personal. En cada altar ha de hacerse referencia a cada uno de sus miembros. El altar de la pareja tendrá elementos aportados por los dos, mientras que el altar personal hará referencia a las necesidades de cada individuo. Con esto quiero deciros que no puede haber corazones traicioneros cuando se enfrentan a situaciones en las que han de abrirse y mostrarse en su pureza. Sí es posible, en cambio, que encontréis personas con diferentes estados de consciencia, pero no hallaréis traición en los corazones.

La explicación de Dadhá sobre los corazones apaciguó otras preguntas que ya parecían brotar. Las instrucciones del ritual siguieron:

—Los Dagara le damos mucha importancia a colores como el azul, el negro, el rojo, el amarillo, el verde y el blanco cuando erigimos altares. Y no es algo caprichoso o por gusto, es porque cada uno de esos colores representa un elemento: el agua, representada por el azul; el fuego por el negro; la tierra por el amarillo. El verde es la representación de la naturaleza y el blanco representa los minerales.

Os parecerá curioso, pero los Dagara no hacemos distinción entre el azul y el negro. —Dadhá sabía muy bien sembrar la curiosidad entre quienes lo escuchaban. Hizo una brevísima pausa para comprobarlo y continuó—: Utilizamos piedras para representar el reino mineral; hojas para representar el reino vegetal; un cráneo para simbolizar la muerte y otras hojas para representar la vida. Y ponemos agua para la paz o el estado de paz interior que nos gustaría alcanzar en nuestra vida. La tierra representa la fertilidad, el equilibrio, la identidad personal y el apoyo mutuo. El fuego representa con ceniza… —Dadhá interrumpió su explicación al ver que quien antes se mostró inquieto por el uso de la ceniza en el ritual hizo un mohín de disgusto al ver que la mencionaba de nuevo. Pero después de un breve instante, Dadhá prosiguió su explicación—: con sangre o algo rojo en su lugar representamos la conexión con nuestros ancestros, como un lazo de sangre con ellos. Los huesos y las piedras son la representación de la comunicación y la capacidad de recordar. Según las necesidades para las que celebremos el ritual, utilizaremos uno o más de estos elementos en el altar.

Dadhá, como era costumbre en él, dejó que sus palabras hicieran el efecto deseado entre los de la tribu de Cataluña. Se levantó e invitó a los catalanes a seguirlo por un sendero alrededor del poblado. El paisaje era de una belleza que resultaba sobrecogedora para los visitantes. El silencio les pareció apabullante, acostumbrados como estaban a recorrer calles llenas de coches llenos de gentes llenas de ruidos de los que aislarse. Dadhá propuso abrir los corazones, sentir el contacto con los árboles y con el bosque. A cada paso, los extranjeros empezaron a sentirse un poco habitantes de aquel mágico lugar.

—¿Creéis que se puede vivir sin el contacto con la naturaleza? —preguntó un joven del grupo como si de repente, gracias al contacto con la naturaleza, hubiera nacido en él la irrechazable conexión con el todo universal.

—Ciertamente —respondió una señora de cierta edad que iba en el grupo—, dedicamos buena parte de nuestra vida a buscar la verdad en filosofías y psicologías, y estando aquí solo tenemos que abrir los ojos para encontrarnos de frente con ella. La verdad está aquí, estar en contacto con el bosque y sentirnos uno con él forma parte de la verdad.

—Este ritual es mágico, Dadhá, me encanta —dijo entusiasmada una joven del grupo.

—Eso es muy buena señal, hermana —respondió Dadhá—, pues significa que tu alma está viva.

Los del grupo sonrieron ya abiertamente, sin desconfianzas ni sorpresas ante las palabras del maestro. Estaban descubriendo en su propia piel que estar cerca de la verdad ilumina los corazones.

Algunos integrantes del grupo empezaron a sentir cómo se reactivaban poco a poco sus conexiones con la naturaleza y, a continuación, con ellos mismos. La tecnología y los malos hábitos los habían apartado de su esencia primera, de su ser natural.

—Dadhá, ¿cuál puede ser el objetivo de un ritual? —preguntó una joven del grupo.

—Puede ser —inició Dadhá— un rito en favor de la paz, por ejemplo. Puedes utilizar velas blancas o negras, un poco de agua y otros elementos que invoquen la idea de la paz. Serán los elementos que tú decidas, aquellos que para ti ofrezcan una conexión con la paz.

Aquellas palabras ya calaban en oídos más preparados, más conectados con la naturaleza.

—Si el ritual es para reavivar el apoyo mutuo o los vínculos con la tierra —siguió Dadhá—, o para trabajar en la identidad y la solidez de una relación, podrás usar velas amarillas y tierra. Si lo haces para trabajar en la comunicación o asegurarte de que interpretas correctamente las señales que recibes de tu compañero, escoge una vela blanca, piedras y huesos.

El hombre que había protestado por tener que usar ceniza parecía estar más apaciguado por la gran variedad de elementos que podía usar en los distintos rituales.

—Si el objetivo de tus rituales es conectar con el espíritu de los ancestros o preservar la conexión espiritual en tu relación de pareja, te aconsejo que utilices velas rojas. —Dadhá hablaba mirando directamente a los ojos de sus hermanos catalanes— . El fuego da calor e invita a la acción o a la compasión. Ayuda a que los miembros de la pareja sueñen juntos. Pero debéis tener en cuenta que utilizar el color rojo requiere que estemos seguros de nuestras verdaderas intenciones. Siempre que queráis realizar un ritual, debéis definir claramente el objetivo del ritual, puesto que la pasión del fuego puede degenerar muy rápido en guerra. —Dadhá enderezó la espalda, tomó aire y continuó—: Por último, si el ritual es para que la magia te ayude a superar grandes cambios o si, por ejemplo, una pareja ha empezado a ponerse máscaras ante la comunidad, a actuar con falsedad presentando una cara poco o nada sincera, será mejor que utilicéis velas verdes o, si no es posible, cualquier otra cosa que os recuerde a la naturaleza y máscaras, ya que representan el gran misterio.

—Si no elegimos o no utilizamos correctamente estos elementos que indicas, maestro, ¿el ritual podría funcionar igualmente? —alguien del grupo tomó la palabra.

—Estos elementos, hermano, son solo una fuente de inspiración que recomiendo a los que todavía no tenéis experiencia en rituales.

Dadhá se paseaba ahora alrededor del grupo que

lo miraban como girasoles. Tocaba el hombre de uno o la mano de otro, pero todos sus nuevos hermanos sintieron su contacto y su calor. El cielo tenía un color azul, algo más claro que el mar, y estaba salpicado de nubes blancas.

—Dadhá, ¿los niños pueden participar en los rituales? —preguntó una mujer del grupo pensando, seguramente, en sus hijos pequeños.

—No privéis a los niños de participar en los rituales —dijo Dadhá—. Cuando los niños participan, los rituales se vuelven más sencillos y, a la vez, más vibrantes. Si ellos se involucran, cualquier cosa que pudieras hacer mal, saldrá bien. Los niños son ritualistas por naturaleza. Puedes estar segura de que todos nacemos con una gran capacidad para hacer rituales, pero vamos perdiéndola por todo lo que la sociedad nos va poniendo en nuestro camino.

La conexión del grupo con Dadhá era cada vez más fuerte y evidente hasta para los occidentales, que empezaban a mirar a su alrededor como si acabaran de abrir los ojos por primera vez después de una larga época de oscuridad.

Esas miradas occidentales, descubrían ahora la textura de los árboles, la pendiente de la montaña, el sendero que horadaba la vegetación más baja, pero sin herirla, solo invitando a seguir el camino trazado. Miraban y descubrían ahora el musgo que colgaba por todas partes, y las ramas llenas de pájaros cantando alegremente. La conexión con Dadhá había abierto sus corazones y ahora estaban más cerca de la naturaleza.

—Los rituales y la pureza con la que te responden serán suficiente recompensa para todo tipo de negatividad que puedas estar sufriendo en tu vida. —La profunda voz de Dadhá atrajo todas las miradas—. Tal es su poder. Hay algunas partes de los rituales Dagara que no funcionarán con vosotros, los occidentales, como la idea del sacrificio, sacrificando una gallina, por ejemplo. En cambio, otras ideas presentes en los rituales Dagara os serán de gran utilidad, como la de la ofrenda. Podéis hacer ofrendas en el mar, en una montaña o en el campo. Es muy provechoso desprenderse de algo en favor de nuestra vida íntima. —Dadhá inspiró profundamente y añadió—: Ahora ya sabéis mucho más sobre los rituales. Estáis preparados para vuestras primeras prácticas.

La conexión con Dadhá no solo había permitido a los occidentales conectar con la naturaleza y con su propia alma, sino que también les permitió conectar más íntimamente entre ellos, entre personas que creían conocerse y, sin embargo, se descubrieron como perfectos desconocidos. Algunos se abrieron ante los del grupo y les relataron sus mayores sueños, y les hablaron de su pasado, y de los tesoros que podrían haber alcanzado y que, por desgracia, quedaron escondidos en el fondo de su corazón. Algunos tocaban el hombro de Dadhá y una mujer le dio un abrazo largo y lleno de sentimiento. Dadhá respondía con dulzura a las muestras de cariño de sus invitados.

—Siempre hablamos de elevadas tasas de paro en este mundo —comenzó una mujer occidental de voz suave y melodiosa—, pero imaginaos África o, mejor todavía, imaginaos la tasa de paro en el mundo de los espíritus y las almas. Hay pequeños trabajos que podemos pedir a las almas que esperan, pequeñas cosas que pueden hacer por nosotros.

—¡Exacto! —exclamó Dadhá—. ¡Qué buena imagen nos has regalado! La tasa de paro en el mundo de las almas. Esas almas que no están ocupando ningún cuerpo son las que responden a nuestras llamadas cuando hacemos rituales. Cuando invoquéis a las almas de vuestros ancestros, recordad que la vuestra decidió venir a sanar las heridas de vuestro clan por amor incondicional a los vuestros, y que necesitarán esa mirada y así vosotros enfrentar el mundo físico desde el que las invocáis. Debéis dejaros llevar, debéis fluir y ellos fluirán con vosotros. Algún día regalaréis plumas a todos los ancestros que vieron crecer vuestras alas.

Dadhá sacó de entre sus ropas unos pequeños recipientes de barro con diferentes ungüentos en su interior. En el de mayor tamaño llevaba una mezcla de manteca de vaca y el polvo resultante de machacar unas piedras rojizas. Mientras continuaba con sus enseñanzas, comenzó a extendérselo lentamente por todo el cuerpo para protegerse de los mosquitos.

—Me gustaría contaros algo de vuestra tribu catalana —dijo Dadhá para sorpresa de muchos de los visitantes—. En vuestra tribu catalana tenéis raíces occidentales; sois incoherentes y, a la vez, muy tiernos. Vivís como si no fuerais a morir nunca. Después enfermáis y os gastáis el dinero en sanaros. ¡Vivís el futuro, pero no vivís el presente! Yo os digo que es mejor vivir el presente. La vida solo existe en el presente. Si vives en el pasado o en el futuro, te pierdes la vida que pasa ante ti, la vida que fue diseñada para ti. Para vivir el presente debes controlar la segunda mente. —Dadhá sabía que, en este punto, quienes oían por primera vez eso de la segunda mente se quedaban esperando una explicación sobre su significado—. Hermanos, la segunda mente es nuestro falso ego. Para poder fluir, debemos dejar de lado nuestro ego e intentarlo con nuestro verdadero yo, nuestro yo consciente de que forma parte de un mundo mucho mayor que él mismo y en el que todo está conectado. —Las caras de cansancio de los occidentales propiciaron la siguiente idea del maestro—: ¿Por qué no descansamos un poco bajo esos árboles?

El grupo siguió a Dadhá hasta ir a dar a la base del tronco del árbol más grande que podía verse desde allí. Entre las hojas de los árboles que les rodeaban vieron cómo una fugaz nube vino a dibujar con su lluvia un hermoso arcoíris en el cielo que parecía venir a saludar y a celebrar la intensidad del momento que estaba viviendo el grupo.

—¿En qué piensas, Dadhá?

Por primera vez no le preguntaban por los rituales, la verdad, las almas o los corazones, no, ahora le estaban preguntando por él mismo, por él como persona. Realmente, aquellos occidentales parecían haber adoptado la costumbre Dagara de preocuparse por aquellos a los que tenían cerca.

—Pienso —inició Dadhá— en lo que diferencia a los magos de la mayoría de las personas. Las personas normales caminan mirando al suelo; los magos, en cambio, caminan mirando lejos. Y su mirada recorre ese camino sobre el puente que tiende la magia entre el mundo visible y el mundo invisible. ¿Sabe alguno de vosotros qué hace falta para ser un mago?

Dadhá dejó la pregunta en el aire mientras miraba con una sonrisa cómo se alejaba de él un mosquito que no había conseguido picarle.

Nadie contestó a su pregunta, pero todos pensaron y pensaron.

—Para ser un mago hay que conservar la niñez en el corazón. Hay que ser siempre un niño para soñar y vivir desde el alma el propósito de vida que cada uno tenga, su dharma. La magia de esos magos no usa trucos ni necesita del dinero para llegar lejos en los corazones de las personas. En la cultura occidental casi no hay magos, todo el mundo está ocupado en vivir alrededor de una mentira, viven para el dinero, no gracias al dinero; necesitan trucos para avanzar en la vida porque vuestra sociedad os lo pone muy complicado para mantener la niñez en vuestros corazones.

—El pueblo catalán —comenzó la chica pelirroja— tiene una cultura y una tradición muy amplia. Pero es cierto lo que dices, Dadhá. En nuestro mundo, el mercado y el poder han eliminado cualquier conexión con la naturaleza, con la verdad. Debemos volver a las raíces, a ser gente humilde y con vocación de ayudar al prójimo, de llenar sus corazones de alegría y paz. Creo que deberíamos cambiar el concepto del dinero, que en si no es bueno ni malo, pero depende del uso que le des todo lo pudre y hacer un ritual para fomentar la idea de vivir en y desde la unidad. —Cuando acabó de hablar, para rebajar la intensidad de sus palabras, la chica soltó lentamente el aire que no utilizó para hablar. Su relajación arrancó una sonrisa en los demás.

Todos se volvieron a mirar a Dadhá como interrogándole sobre las palabras de la joven. Y Dadhá respondió:

—En nuestra cultura Dagara sentimos que las personas occidentales son gentes de otros mundos. Mundos en los que dejan que algunos hermanos se mueran de hambre mientras tiran enormes cantidades de comida. Mundos en los que sacan a la gente de sus casas cuando no las pueden pagar, pero entrega alegremente todo el dinero necesario para que el banquero no tenga que abandonar su banco. Mundos en los que los representantes del pueblo no permiten a sus representados ser totalmente libres. Mundos donde el agua del grifo podría matarlos y la gente mata por dinero.

La chica del pelo rojo intentó encontrar una

explicación:

—Es más fácil sufrir que cambiar. Porque el sufrimiento solo implica pasividad y el cambio necesita de un esfuerzo. Culpamos a los demás de todo y solo nosotros somos los creadores de nuestra propia vida. Y no hay culpables, pero si somos responsables de hacer o no nuestro cambio.

—Cierto. Mira este mosquito —dijo Dadhá señalando delante de sus ojos y provocando con ello que todos aguzaran la vista para intentar ver al mosquito—. Este mosquito lleva un buen rato intentando picarme, pero no puede hacerlo porque me he untado con este ungüento. Si hubiera dejado que me picara, el responsable sería yo mismo.

En ese momento, otro mosquito picó a la joven pelirroja, que se dio un cachetazo en el muslo ante la risa del resto.

Pero, al parecer, Dadhá no era el único que tenía enseñanzas que compartir. Una de las invitadas de Dadhá ofreció a todos el relato de una linda historia que comportaba un aprendizaje. La joven se apartó las rastas de la cara y comenzó su narración:

—Desde el jardín, veo el reloj de la cocina

71

marcando la hora en que comienzo a redactar esta breve historia. Son las doce de la noche: la hora bruja. Estoy leyendo un libro de Paolo, autor de cabecera que siempre ha estado presente en mis lecturas y en mis redacciones. Uno de mis escritores de referencia, aunque siga afirmando que las referencias pertenecen a esta etapa del amanecer de tu vida donde forjas tu personalidad.

Me levanto de la cama en un acto reflejo y me dirijo al jardín de la casa, que está en un pueblo de la provincia de Lleida. Me siento ante los siete árboles que habitan el jardín de la cueva que comparto con mi familia. Hago una reflexión y me hago consciente. Los siete árboles tienen tamaños muy distintos. Cinco de los siete árboles han tenido una vida más o menos rutinaria, en la zona de confort, podríamos decir. En cambio, los otros dos son el más alto y el más bajito de los siete. Estos dos han vivido de un modo distinto, han pasado por distintas aventuras, propósitos y despropósitos. Han pasado por diferentes etapas y por varios cambios y saltos cuánticos a lo largo de su larga vida.

El árbol más alto del jardín de la casa donde

habito desde hace años, por falta de agua a causa de un riego irregular, se secó del todo. El árbol estaba enfermando, y cuando me di cuenta de su dolencia, corté el árbol por su base para darle la oportunidad de brotar con fuerza. Aprovechó la oportunidad y desde entonces rebrotó con tanta fuerza que hoy es el árbol más frondoso y vivo de mi jardín.

La historia del árbol más pequeño es similar a la de su hermano mayor. Hoy tiene una medida todavía pequeña, pero ha vuelto a brotar con tanta fuerza que podría llegar a ser el árbol más bonito de todos.

¿Con qué árbol de los siete del cuento te identificas, Dadhá? —preguntó animada la chica con rastas—. ¿Con los cinco árboles que han vivido su vida de una forma lineal, sin grandes cambios ni aventuras interesantes, con el que hoy es el más frondoso y alto de todos o con el que acaba de reiniciar su crecimiento con una fuerza extraordinaria y que, por lo tanto, tiene más potencial de todos?

—Buena historia —felicitó Dadhá a la joven—. Los procesos de los seres humanos son muy parecidos a los tres ejemplos de los árboles que citas en el relato: todos somos iguales en potencial, y en cosas hermosas que poseemos y que podemos ofrecer a los demás. —Y añadió—: Iremos encontrándonos por el camino, queridos hermanos.

Todos los del grupo se despidieron con lástima de Dadhá, pues les hubiera gustado pasar más tiempo cerca del maestro. Nadie lo sabía en ese momento, tal vez Dadhá sí lo supiera, pero en aquel día se había creado un vínculo poderoso e invisible entre la tribu catalana y el pueblo Dagara.

La historia de Dadhá recibiendo a tribus de todo el mundo me despertó un estado de concentración que me resultaba cada vez más familiar. Como otras veces ya me había sucedido en ese estado, me dispuse a escuchar las voces que quisieran llegarme desde los cielos. Pero en esa ocasión, la voz no me llegaba de fuera, sino que llegaba directamente de mi corazón. Era mi corazón quien pronunciaba aquellas palabras. ¡Era yo! No cabía en mí de gozo, no podía creer que el cielo me hubiera elegido para enviar un mensaje a mis hermanos.

Aquellas palabras decían así:

Planté el sueño donde tú habitas hoy.

Pisa suave porque andas encima

De la otra parte de alguien.

CAPÍTULO VI: La luz de un enamoramiento

En el corazón de Dadhá no solo habitaba la generosidad y la entrega a los demás, para su desgracia también habitaba cierta dosis de frustración. Este sentimiento tan pesaroso le venía de su relación con un hombre blanco que, cuando aún era muy joven, lo contrató para escribir bajo su nombre autobiografías, cuentos, artículos, novelas... Dadhá se sentía triste por tener que hacer un trabajo así para comer. Para sentirse mejor consigo mismo, cuando el hombre blanco le pagaba bien, Dadhá regalaba una vaca a su familia.

Pero, al parecer, Dadhá no era el único que tenía una sombra en el corazón. Un día, el hombre que lo había contratado se quejaba así:

—¡Qué pena ser tan mayor! Ahora, aunque quisiera empezar la lectura y escribir, ¡ya es demasiado tarde! ¡Soy demasiado mayor!

Dadhá, desde la voluntad más inocente, le sugirió encender una vela.

76

—¿Cómo te atreves, insolente, a bromear así a tu señor? —reaccionó airado el hombre blanco.

—No bromeo, señor. Un escritor humilde como yo nunca bromearía sobre los temas importantes de la vida. Tan solo le pido que me deje explicarme.

El hombre blanco se calmó y le hizo un gesto para que siguiera hablando.

—¿Sabe? He escuchado decir a la gente del poblado vecino que, si un hombre busca en su juventud, se cultivará en un futuro brillante como el sol matinal; que si estudia cuando ha llegado a una edad mediana, su futuro será como el sol del mediodía; y que si empieza a buscar solo cuando llega a su vejez, su brillo será como el de la llama de una vela. —La expresión del hombre para el que Dadhá trabajaba se había quedado estática. No se podía decir que se le moviera un músculo—. Aunque la llama de una vela no es muy brillante —prosiguió Dadhá—, como mínimo, es mejor que andar a tientas dentro de la oscuridad el resto de la vida. Siempre estamos a tiempo de aprender cosas nuevas, señor. Nuestra mente y nuestro cuerpo son instrumentos que tenemos que educar a fuerza de trabajo y constancia —finalizó Dadhá.

Las palabras de Dadhá surtieron efecto aquel mismo día: el hombre blanco empezó a leer para poder escribir bien y comenzó la búsqueda de que aquello que la muerte nunca podría llevarse, la conciencia y el alma.

Uno de los encargos que aquel hombre le había hecho no hacía mucho era un artículo sobre la vida en su poblado. A Dadhá le pareció que era una especie de compensación, no sabía si por arrepentimiento o por descuido, que el hombre blanco tenía para con él por tanto tiempo de abusar de sus capacidades narrativas. Dadhá lo tenía realmente fácil para ocuparse de aquel encargo, si eso no era lo que mejor conocía, sí era, al menos, lo que conocía desde hacía más tiempo: desde que nació.

Para Dadhá, el lugar en el que vivía era una simbiosis de la vida humana y la vida natural. Allí reinaba Jesucristo armonizando desde el amor de su corazón todas las diferencias entre los humanos y los animales. Los hombres, para vivir allí, tenían que saber imitar el piar de las aves, nadar como los peces

78

lo hacían en los ríos, subir a las cumbres de los árboles más altos y acariciar desde allí las nubes; y también desde allí, ser capaces de oler la tierra mojada; recorrer los caminos sin perturbar su dirección ni sus curvas, reconocer la importancia de los demás seres que ocupaban aquel mismo espacio; todas esas habilidades debía cultivar el hombre que quisiera vivir allí en armonía con el entorno.

Y eso mismo regía para quienes vivieran en el poblado de Dadhá como para quienes lo hicieran en los poblados vecinos. Y esto incluía al poblado llamado Veneno. Se trataba de un pueblo triste y lleno de trapaceros. Pero entre aquellas gentes, no todo eran sombras y pesares; vivía entre ellas una mujer bella y humilde como la que más. Cansada de que su pueblo, además de llamarse Veneno, estuviera habitado por gentes consideradas casi como venenosas por los de los poblados vecinos, se propuso cambiar la situación. Primero iría a vivir a otro poblado, así podría aprender mejores costumbres que llevar hasta su poblado para mejorar la situación. Además, aquella mujer debía reparar algo más que la vida social en su poblado, debía

79

reparar algo que arrastraba de alguna vida anterior: patrones de conducta tóxica que complicaban la vida a sus seres queridos y a ella misma.

Cuando llegó el día en que se propuso iniciar su plan de cambios, se puso en marcha: levantó la cabeza y, con el hatillo al hombro, eligió una dirección como si algún aroma se lo estuviera indicando con señales secretas. En otras ocasiones, ella ya había notado como si el viento le hablase, como si el aire transportara hasta ella palabras de alguna sabiduría remota u oculta a la vista de las personas corrientes.

«África —se dijo—, sé valiente y sigue tu instinto, porque mira dónde estás por no seguirlo».

Atravesando la selva en la dirección elegida fue a toparse con Dadhá, a quien encontró perdido en sus reflexiones sobre la vida, sobre los hombres y sobre Jesucristo.

La mujer aún no se había dado cuenta de que no estaba sola cuando se paró bajo un árbol a admirar la belleza de una flor que llamó su atención por su dulzura. La mujer quedó inmóvil unos segundos; sin respirar para no perturbar la imagen de la flor.

Dadhá estaba subido en ese mismo árbol queriendo atrapar los pensamientos más elevados que pudiera. Cuando escuchó a la mujer llegar se quedó observándola hasta que decidió llamar su atención. Para ello lanzó desde su posición una lluvia de pétalos sobre ella.

La mujer la recibió con una sonrisa sincera.

Y empezaron su conversación filosofando. Esto era una práctica habitual en Dadhá, pero era algo que la mujer no solía hacer a menudo. En aquella ocasión ella se brindó a acompañarle en una conversación interesante.

El sol brillaba justo encima de sus cabezas, y África dedujo la hora que era por la posición del sol.

—Es mediodía, el sol está justo encima de nosotros. Al mediodía nuestra sombra es más corta. El sol no puede ahora arrancarnos una sombra más alargada. Observa cómo el sol nos respeta en este momento.

«Realmente, esta mujer tiene magia», pensó Dadhá. Sentía empatía por aquella mujer, y eso que aún no la conocía lo suficiente.

Dadhá tuvo una intuición y entendió que, aquel

día, se presentaba una buena oportunidad para aventurarse, pues sintió que aquella persona que se había cruzado en su camino no lo había hecho de una forma casual, sino más bien causal. Dadhá pensó incluso que ella también sentía que había una causa por la que la vida les había presentado. Y los dos parecían dispuestos a averiguar el para qué de aquel encuentro.

De alguna manera, África sentía desde muy joven que, algún día, la vida la pondría en el camino de alguien como Dadhá, por eso su curiosidad por conocerlo aumentó desde que lo vio en su camino hacia el poblado vecino.

Por unas horas dejó una bolsa de prejuicios existentes en su interior que la liberaron y esto hizo que se abriera y se diera el permiso a conocer un poco más al hombre que sin conocerla se atrevió de una forma divertida a lanzar una lluvia de pétalos sobre ella.

Se animaron en una conversación larga y amena. Él le explicó algunas anécdotas simpáticas. De una manera que él mismo no podía ni quería controlar, pretendía agradar a aquella mujer. La tertulia era agradable y ella también disfrutaba en un ambiente de risas y sonrisas cómplices. Poco a poco, aquel encuentro derivó en una conversación más profunda y directa.

Ella le contó una parte de su vida, le contó algunas heridas emocionales que arrastraba desde su paso por el poblado del Veneno. Percibía cómo Dadhá la escuchaba atentamente y sentía que mediante la palabra una especie de lenguaje y destino se aproximaba a ella. Acabó sincerándose con Dadhá porque intuía que él era un reflejo, como un espejo donde podía ver su propio interior.

—Te comprendo, te respeto y te abrazo, hermana.

—África... —dijo ella.

—¿Cómo? —Dadhá no comprendía.

—Mi nombre es África, puedes llamarme África —explicó ella con una gran sonrisa que un segundo después, Dadhá reprodujo asintiendo.

—Eres muy sincera, África, una persona auténtica. Como es una tarde de conversaciones verdaderas, es el momento de contarte algo: desde que era niño he sentido una llamada. Su mensaje era que, junto a mi futura mujer y mis hijas, compartiré la sabiduría de mi pueblo y del bosque africano con todo el mundo.

—Eso que me cuentas es muy bonito. Hace poco no te conocía de nada y, sin embargo, me resultas muy cercano, como si fueras un hermano para mí. Cuánto me gustaría conocer a esa esposa tuya con la que compartirás tu vida. Será una persona muy afortunada.

Durante mucho rato, no se dijeron mucho más mientras caminaban hacia el poblado de Dadhá.

—El sol está bajo. La puesta de sol se acerca. Es una buena ocasión para contemplar un espectáculo de colores —dijo Dadhá.

Contemplaron, en silencio y durante unos minutos, cómo caía el sol. En aquel silencio vivieron un bonito momento en paz y armonía. Aquellos momentos hicieron aflorar en Dadhá preguntas acerca de África y de su vida.

—África, antes has abierto tu corazón y me has dejado conocer muchas cosas acerca de tu vida, pero aún no sé cómo lo harás para volver a comenzar una vez que destierres de ti todos esos males que te atormentan.

A Dadhá le hubiera gustado prestar su ayuda a África para que sus cambios vitales no fueran largos o dolorosos. Le hubiera gustado ahorrarle dolor y angustia. Pero si había algo que tranquilizaba a Dadhá era que sabía que los cambios en la vida de las personas eran lentos; y sabía muy bien que la línea entre facilitar a aquella mujer para hacer su cambio o interferir en su propósito de vida era muy fina. Aun así, dudó por un instante si asumir el riesgo de ayudar a la mujer o no, pues era consciente de que si interfería en su vida sería él quien sufriría un desgaste emocional importante.

Dadhá debía aprender a convivir con la pasión y la vocación de ayudar a los demás implicándose, y con la necesidad de guiar a las personas hasta la puerta de su aprendizaje personal, porque sabía muy bien que ese camino debe recorrerlo cada persona a solas, sin más ayuda que la propia.

«Solo guiar, solo mostrar el camino», pensó Dadhá.

Después de escuchar las intenciones de la mujer durante la intensa jornada que habían compartido,

Dadhá se reafirmó en que sus aspiraciones de cambio no eran otra cosa que su destino, su leyenda personal. Sin pensarlo ni un segundo, se ofreció enseguida a ayudarla. Le propuso ir a vivir a su poblado para aprender algunas costumbres que la ayudarían con su proyecto de cambios en su poblado y en su vida personal.

Pero Dadhá fue más allá en su comprensión de la mujer, aunque no le dijera nada, pues no estaba seguro de si ella conocería todos los detalles que en su breve pero intensa conversación le había dejado entrever a él.

Dadhá sabía que en la misión de vida de aquella mujer se incluía curar aquella herida tan grande que le impedía ser ella misma. También intuyó que quería formar una familia, tener una casa llena de paz, hacer el camino hacia el silencio, la calma y la paz interior del alma. Comprendió, en consecuencia, que la mejor manera en que aquella mujer podría cumplir su misión de vida era viajando arriba y abajo, vivir la aventura de sentirse siempre nuevo, y experimentar maravillosos viajes de descubrimiento de su verdadero ser. Dejando ir, poco a poco, aquel personaje que solo fue un falso ser que habitó en ella durante un tiempo en el poblado del Veneno.

Como si hubieran estado pensando justamente en lo mismo, la mujer sorprendió a Dadhá—qué pocas cosas podían sorprenderlo ya— con una melodía que cantó así:

—Nos quedan mil soles, nos queda el camino, nos quedan muchos cuentos que contar, muchas canciones que cantar. La gente mágica no necesita trucos, nos vamos encontrando por los mundos, atravesaremos el cielo, la vida no tiene fin... —cantaba con dulzura mientras se acariciaba sus abundantes cabellos de rizos largos y castaños.

Dadhá estaba sorprendido de lo que la mujer estaba cantando, pero también tuvo que reconocer que se sorprendió por encontrarse sorprendido por algo. Aquella revolución en sus sentidos, aunque duró apenas unos segundos, lo animó a preguntar muy animoso a la mujer lo siguiente:

—¿Quieres ser de luz, mujer? ¿Quieres conseguir aquello que la muerte nunca se puede llevar? ¿Quieres volar hacia el silencio en tu mente, hacia la calma de tu corazón y encontrar la paz del alma en el nuevo poblado de la Selva? —propuso Dadhá como primera etapa del viaje que sabía que la mujer tendría que recorrer.

La mujer recibió la propuesta de Dadhá con una gran sonrisa que turbó a Dadhá durante unos instantes. Solo había visto sonreír así a los niños y a los enamorados. Así que anduvo unos instantes intentando averiguar si aquella sonrisa era infantil o no.

—Me gustaría conocer tu poblado —contestó la mujer sin tardar mucho—. Pero luego me gustaría recorrer otras partes del mundo, sentir la ilusión de viajar y mezclarme entre personas que no me conocen, que me miren como una extranjera y, sin embargo, hermana. Ahora soy esclava de lo que hago, por eso quiero ser libre viviendo el presente y disfrutar de noches de gloria.

—Veo tu carga —replicó Dadhá—. Es pesada. Te ayudaré a transportarla hasta que no la necesites más.

La mujer lo miró extrañada, pues no comprendía a qué se refería Dadhá, si ella solo llevaba un ligero hatillo.

—En tu equipaje —inició Dadhá la explicación que ya pedía la mujer con la mirada— veo que llevas tus virtudes y tus defectos, tus palabras y tus valores, tu creatividad y tus limitaciones, tus ganas de vivir y tus deudas con heridas del pasado. Y veo tu ira y tu bondad y tus miedos y tu dulzura. Te veo a ti, hermana.

Aquella última palabra tranquilizó el corazón de aquella mujer que, tan solo un momento antes hubiera entregado su alma a cambio de un camello que la ayudara a llevar tan pesada carga, pues se veía en compañía de alguien bueno de quien solo cabía esperar el bien y toda la ayuda que pudiera necesitar.

Dadhá tomó el hatillo de la mujer y juntos caminaron hacia la aldea Selva.

Aunque el camino no era muy largo, Dadhá se ocupó de no interferir en las percepciones que África tuviera sobre el camino y sobre su propio camino en la vida. Si a África se le hacía muy largo el camino, así tendría tiempo de combatir sus males y de pensar en la forma de deshacerse de ellos. Si el camino se le hacía corto, sería porque también pronto habría encontrado la forma de vencer sus miedos y de curar sus viejas heridas. Las palabras que, de tanto en tanto, le dedicaba Dadhá eran haces de luz sobre las dudas de la mujer; y gracias a ellas, la mochilla era cada vez más ligera y el equipaje cada vez más sólido y consistente.

«El camello habría soportado sin esfuerzo mi gran carga», pensó fugazmente África. Hasta que una brisa pareció traerle mensajes de ánimo.

—Las aventuras que vivimos desde el corazón, y desde el alma, son las aventuras verdaderas, porque a través de ellas llegaremos a la verdad. —La mujer escuchaba atentamente las palabras de Dadhá, que prosiguió—: Las dudas son oscuridad en los rincones de nuestra alma; por lo tanto, para acabar con ellas, debemos mirar al sol para que su luz nos inunde y llegue hasta los rincones más escondidos de nuestra alma.

Aunque las palabras de Dadhá eran para la mujer como bálsamo sobre una quemadura, aún quedaba mucho trabajo por delante para Dadhá. Los miedos de la mujer, que aún eran muchos, afloraban fácilmente sin una razón comprensible, pues ya he dicho que eran miedos.

La mujer se preguntó cómo se le había ocurrido echar en la mochila emocional sus miedos. Y eso le daba miedo. Temblaba solo de pensar que siempre estaría acompañada de sus miedos, que nunca podría decidir dejarlos antes de partir.

—Escúchame bien —dijo la mujer parándose en seco—, quiero dar la vuelta. Quiero volver al poblado Veneno.

—Y eso ¿por qué? —quiso saber Dadhá, que preguntaba desde unos pasos por delante de la mujer.

—No estoy segura de poder con esta carga que llevo encima. Necesito el reconocimiento de una buena amiga. Eso me ayudará a soportar esta inmensa carga.

«Si no queda más remedio, la acompañaré de vuelta a Veneno. Aunque sepa muy bien el camino de vuelta a su poblado, es posible que no encuentre de nuevo el camino hacia su misión de vida. Así que tengo que estar ahí por si me necesita», pensó Dadhá antes de hablar.

—Sé que es una carga muy pesada. Y, aun así, yo

sí estoy seguro de que podrás con ella. Es posible que no tengas que soportarla durante mucho tiempo.

—Pero…

—Si piensas que —se apresuró Dadhá a decir— te hace falta ese reconocimiento de tu amiga para soportar la carga, podría ser que te estuvieras engañando a ti misma. También puede ser que no sea así, eso no lo puedo saber porque no soy profeta; pero sí sé que, si una persona se engaña a sí misma, cualquiera podría engañarla; y que, si no se deja engañar por sí misma, tampoco será fácil que nadie más la engañe. Creo, África —Dadhá hablaba ahora más pausadamente—, que tienes un obstáculo que superar, una herida emocional que sanar. Si me lo permites, creo que cuando eras una niña te faltó el reconocimiento de tu padre. Mientras no sanes esa herida, buscarás ese reconocimiento en lugares equivocados.

La mujer reflexionó durante un momento. Sin mediar palabra recorrió los pasos que la separaban de Dadhá y, una vez a su lado, ambos reemprendieron el camino hacia la aldea Selva.

Cuando llegó la noche, hicieron un alto en el

camino y se dispusieron a descansar junto al tronco de un majestuoso baobab. Allí dejarían volar sus pensamientos hasta la tierra donde reina la verdad. El sol se levantó temprano y acarició con su calidez el rostro de la mujer hasta despertarla. En su vida en el poblado Veneno, lo primero que hacía la mujer para comenzar el día era repasar todo lo que le iba mal en la vida. Por alguna extraña razón, se regodeaba en repasar sus heridas, en hacerlas cada vez más profundas. Pero ese día..., ese día, no tenía apenas heridas que recordar. Ninguna le parecía importante. Buscó a Dadhá con la mirada y allí lo encontró, sentado en la rama de un árbol cercano observándola. Cuando lo vio sonreír levemente, la mujer protestó:

—Te maldigo, Dadhá. Sabías todo sobre mí, lo que traía, lo que me pasaba, lo que buscaba, lo que me pasaría..., y no interferiste en mi vida. ¿No podías haberme ahorrado, al menos, una parte del sufrimiento que he experimentado?

—*No*. —Escuchó mientras un viento denso contorneaba su cara. Cuando el eco de aquella voz desconocida se extinguió en el oído de África,

93

prosiguió su mensaje—. *No estaba en las manos de Dadhá intervenir para cambiar tu camino. Él no está aquí para eso. Piensa que el sufrimiento es conocimiento y aprendizaje. Si te lo hubiera ahorrado, te habría ahorrado también el conocimiento y el aprendizaje. Y sin eso no podrías ayudar a tu poblado a resolver su problema. ¿Ves ahora lo dulce que es la vida para quien está dispuesto a vivir su leyenda personal, aunque eso incluya cierta cuota de sufrimiento?* —La voz cesó cuando cesó el viento.

La mujer asintió soltando de golpe todo el aire por la nariz. Comprendió que nada tenía que decir a las palabras que le trajo aquella voz, pues eran verdad para ella.

África se levantó y se agitó el pelo para acomodar su espesura y su longitud a lo largo de la espalda. Miró a Dadhá en silencio, le pidió que esperase ahí y se apartó del camino. La figura de África se perdió entre las ramas más bajas de los árboles que vigilaban el camino.

Dadhá estaba intrigado, pero siguió entregado a sus reflexiones. Solo unos momentos después, las

94

ramas bajas se agitaron de nuevo y tras ellas apareció África. Su sonrisa traía un mensaje por el que Dadhá se interesó enseguida. Pero algo llamó más aún su atención.

—¿Dónde…, dónde está tu pelo, África?

—Ya no me llames más África. Ahora soy la Hija de la Tierra. Me lo ha dicho el viento, el viento que cura las heridas del pasado y que ventila los rincones más apartados de los corazones. Ah, y mi pelo, bueno, se lo he entregado a la madre tierra, pues ella tiene el poder de apartarme de todo lo que me daña, de todo lo que me impide cumplir mi misión de vida. Soy la Hija de la Tierra y ahora puedo cumplir mi leyenda personal.

Los olores, los colores y el calor habían cambiado para África, para la Hija de la Tierra. Ya no los percibía igual, su nariz parecía sonreír, y su piel parecía hacer reverencia al calor que le daba la vida; y sus ojos, qué podría decir de sus ojos, como llama avivada por la luz de la verdad que ahora alumbraba sus pasos.

La magia de Dadhá también se había visto aumentada gracias al aprendizaje y al conocimiento.

Dadhá comprendió enseguida que, por haber permitido a la mujer atesorar su propio aprendizaje y conocimiento, el viento, el destino o el universo tuvieron una recompensa para él. Los pensamientos de la Hija de la Tierra fluían ahora alrededor de Dadhá, como los de él habían fluido por toda la arboleda, rodeando cada árbol y cada paso de África. Los pensamientos de los dos viajeros se juntaban ahora en el mismo éter que insuflaba vida y verdad a sus leyendas personales.

Solo con mirarla Dadhá, la mujer sintió cómo llegaban a su alma un olor, un color y un calor especiales desde los pensamientos de Dadhá, y se fusionaban con los suyos, con sus sensaciones más personales. Esas sensaciones que la mujer experimentó, aunque ninguno de los dos podía saberlo en ese momento, o tal vez los dos fueran muy conscientes de ello, convirtieron a África en la magia que le faltaba al mago Dadhá.

Dadhá sintió un escalofrío que lo sorprendió cuando llegó a la conclusión del avance que eso suponía en su leyenda personal. Sintió por un momento el precipicio del destino ante sus pies. Tras inspirar profundamente, Dadhá dio un paso más y comenzó, junto a la Hija de la Tierra, la siguiente etapa de su leyenda personal.

Cubrieron el resto del camino hasta el poblado de Dadhá casi sin hablarse, pues era como si cada uno pudiera escuchar los pensamientos del otro en su propia cabeza. Ese día sintieron nacer algo entre ellos. Una conexión nació entre sus corazones y entre sus almas. El silencio fue testigo de todo.

Poco después llegaron al poblado Selva. Los primeros naturales de allí que los vieron llegar podían estar seguros de que se trataba de dos seres especiales bendecidos por los efectos del amor y de la verdad. La llegada de Dadhá y la Hija de la Tierra al poblado de la Selva avivó en mí una voz interior que me llevó a declamar en silencio un poema que dediqué a estos dos seres agraciados con el don de maravillosas leyendas personales que algún día habrían de cumplir. Recuerdo que aquel poema decía así:

DÉJATE LLEVAR

Fuimos capullos antes de ser flor
Y hoy me vuelco en el papel
Escribiendo para el músico aquel
Que lo transmita bien.
Fuimos capullos antes de ser flor
Aquella aventura empezó
Cuando colgamos los dos
Nuestra ropa en el tendedor
Dibujando desnudos y sin red
Se nos tatuó en la piel
Déjate llevar
Es el puente para lo lindo
No busques nada
Eres flor
La sonrisa del interior
Las puertas del camino
Lo de la magia es lo posible
La puerta a lo invisible
La tostada y el ayer
Es el juego de esconder
Siempre bailamos con el destino

Desde la ventana, saltando al vacío

No queríamos «fabricar» un sitio

Llegó el amor y el juego fluido

Déjate llevar

No digas nada

Somos flor

Las luces del destino

La memoria de la piel

El puente para lo lindo

shaam…

CAPÍTULO VII: A la luz del conocimiento

La hoguera se convirtió, con los días, en su lugar de encuentro y conversación. Sentados ante ella, Dadhá explicó una vieja leyenda Dagara a la Hija de la Tierra:

—Se cuenta que hace muchos años hubo un joven sabio Dagara llamado Gamal a quien los más jóvenes acudían a pedir consejo para diversos asuntos. Un día, Enam, el más valiente y honorable de los jóvenes guerreros del poblado, visitó a Gamal junto con la joven Hadiya, la hija del cacique y una de las más bellas mujeres de la aldea.

—Nos amamos —empezó el joven.

—Y nos casaremos —dijo ella.

—Y nos queremos tanto que tenemos miedo... Queremos un hechizo, un conjuro o un talismán, algo que nos garantice que podremos estar siempre juntos, que nos asegure que estaremos uno al lado del otro hasta encontrar la muerte.

—Por favor...—repitieron—, ¿hay algo que podamos hacer?

Gamal los miró y se emocionó al verlos tan jóvenes, tan enamorados y anhelantes esperando su palabra…

—Hay algo… —dijo Gamal—, pero no sé… es una tarea muy difícil y sacrificada. Hadiya—dijo el sabio—, ¿ves la montaña al norte de nuestra aldea? Tendrás que escalar sola y sin más armas que una red y tus manos y cazar el halcón más bello y vigoroso de la montaña. Si lo atrapas, tendrás que llevarlo aquí con vida el tercer día después de luna llena. ¿Has comprendido? Y tú, Enam—siguió el sabio—, tendrás que escalar la montaña del Trueno. Cuando llegues a la cumbre, encontrarás la más brava de todas las águilas, y solo con tus manos y una red, tendrás que atraparla sin heridas y llevarla ante mí el mismo día en que venga Hadiya. ¡Salid ahora!

Los jóvenes se abrazaron con ternura y después partieron a cumplir la misión encomendada, ella hacia el norte y él hacia el sur. El día establecido, ante la tienda del sabio, los dos jóvenes esperaban con las bolsas que contenían las aves solicitadas. Gamal les pidió que con mucho cuidado las sacaran de las bolsas: eran verdaderamente bellos ejemplares.

—Y ahora, ¿qué haremos? —preguntó el joven—. ¿Los mataremos y beberemos el honor de su sangre?

—No —dijo Gamal.

—¿Los cocinaremos y comeremos el valor en su carne? —propuso la joven.

—No —repitió Gamal—. Haréis lo que os digo: tomáis las aves y las ligáis entre sí por las patas con estas tiras de cuero. Cuando las hayáis ligado, las dejáis y que vuelen libres.

El guerrero y la joven hicieron lo que se les pedía y soltaron los pájaros. El águila y el halcón intentaron levantar el vuelo, pero solo consiguieron revolcarse por el suelo. Unos minutos después, irritadas por la incapacidad de volar libremente, las aves arremetieron a golpes de pico entre sí hasta hacerse daño.

—Este es el conjuro —dijo el anciano—: nunca olvidéis lo que habéis visto. Sois como el águila y el halcón. Si os ligáis el uno al otro, aunque lo hagáis por amor, no solo viviréis arrastrándoos, sino que, además, tarde o temprano, empezaréis a haceros daño el uno al otro. Si queréis que el amor entre vosotros perdure, volad juntos... pero nunca ligados.

La Hija de la Tierra escuchó atentamente el relato de Dadhá, desde la primera palabra hasta la última. Aquellas reuniones alrededor de la hoguera plantaron en Dadhá y en la Hija de la Tierra la semilla de la que, con cuidados y entusiasmo, nacería el futuro que debían recorrer juntos, ese futuro deseado y soñado durante tantos años por ambos.

Como ellos esperaban, sus miedos poco a poco se iban diluyendo. En los ojos de la Hija de la Tierra se podía ver el entusiasmo propio de una persona enamorada, y en Dadhá, una ilusión por lo que les podía deparar una vida en común.

—¿Vamos a recorrer nuestro camino siempre juntos, Dadhá?

—Juntos hemos sembrado amor; y tú, además, tienes cosas muy bonitas, querida. Volaremos juntos..., pero nunca ligados.

Ella se sintió muy reconfortada por las palabras

de Dadhá, agradeció ese guiño a la historia de la vieja leyenda Dagara.

Desde la profundidad de sus ojos, Dadhá la miró fijamente. En silencio cruzaron las miradas y ambos pensaron que en un futuro podían formar una familia amplia y unida.

—Siento que esto solo puede acabar bien, Dadhá—dijo ella mientras él le acariciaba el pelo corto que, poco a poco, iba recuperando su forma.

A la Hija de la Tierra la atraía poderosamente la idea de aprender a contar historias como las que contaba Dadhá.

Y una noche, sentados a la hoguera y antes de que Dadhá tomara la palabra, la tomó ella:

—Una vez escuché en mi aldea un relato sobre montañas y tesoros —comenzó la Hija de la Tierra—. En la naturaleza podemos descubrir espacios convertidos en lugares donde pasar un rato con los amigos. Esos lugares se convierten en especiales; son ríos, arboledas, cabañas o pequeños claros en la selva que invitan a disfrutar de un momento único. Pero ocurre que esos lugares pasan desapercibidos para muchos, la mayoría. Uno de esos tesoros pertenece a Farida; se llama fuente de Farida y está en el monte Tenakourou.

Explican los más viejitos de mi aldea que Farida era una chica no muy simpática que siempre iba mascullando por todo, que incluso alguna vez se portaba mal con los demás. A causa de su forma de ser no tenía amigos. Además de todo eso, no era humilde como sus padres habían intentado enseñarle; y siempre culpaba a los demás de su malestar. Tan solo había una persona de la que Farida no tenía nada malo que decir.

El abuelo de Farida vivía en lo más alto del Tenakourou. Ella lo visitaba con frecuencia, por lo que conocía perfectamente el camino. Sin embargo, un día en que su abuelo la mandó llamar, Farida acudió rápidamente.

Por el camino iba pensando qué sería lo que su abuelo tenía que decirle que fuera tan importante. Como iba casi corriendo necesitó pararse un momento para tomar aire. Cerró los ojos y aspiró profundamente. Cuando abrió los ojos se sintió un poco mareada y se sentó en una piedra plana que encontró al borde del camino y que parecía marcar la entrada a un claro que se abría entre los árboles.

A pesar de que conocía muy bien el camino, no reconocía en absoluto nada de lo que había en aquel claro. «¿Cómo es posible...!». Farida no reconocía nada de cuanto la rodeaba. Y cuanto más atentamente lo miraba con la esperanza de, por fin, reconocerlo, más extraño y desconocido se le antojaba todo. «Conozco el camino muy bien y nunca había visto esta fuente».

Su mirada se detuvo en una fuente que apenas si resultaba visible para cualquiera que pasara por allí un poco deprisa.

—Esto tiene una respuesta muy sencilla— escuchó Farida.

La niña buscó quién había hablado, pero no encontró a nadie. Al momento, volvió a escuchar la voz:

—Este lugar solo pueden verlo aquellos que tienen un corazón puro y limpio —Farida torció el gesto cuando comprendió que la voz salía de la fuente—, quienes no gritan a sus compañeros y son buenos con los demás. —Farida pensó que la cosa no iba con ella—. Te he visto pasar una y otra vez, siempre mascullando y tirando piedras a los pájaros. Pero hoy he decidido dejarme ver y oír para explicarte algunas cosas. —Farida ya estaba pensando un buen insulto que le soltaría a la dichosa fuente—. Mira, esta agua es mágica. Si juegas con ella, te limpiará el corazón, te hará más humilde, más amorosa y mejor persona.

Farida no prestaba mucha atención. Ella no quería cambiar, ella creía tener el corazón limpio, creía ser humilde y, desde luego, lo suficientemente amorosa y buena persona como para tener que purificar su corazón con un agua mágica.

«Bah, tonterías», pensó. Aunque no quería, pensaba en lo que le había dicho la fuente. Para olvidarse de ello se empleó a fondo en capturar un pequeño insecto que revoloteaba a su alrededor. Cuando lo consiguió buscó el placer que había sentido otras veces, de aplastarlo entre sus dedos. Al hacerlo se manchó toda la mano de un líquido viscoso y pegajoso. Con un gesto de repugnancia fue a lavarse las manos en la fuente.

El helor del agua le produjo un escalofrío.

—Muy bien, Farida. Las aguas me han dicho que

tu corazón ya es puro y limpio.

Las palabras de la fuente le produjeron otro escalofrío.

«Bah, tonterías», pensó la niña mientras se secaba las manos en la ropa.

Al poco tiempo, la actitud de Farida cambió. Se convirtió en una chica amable con los demás y hasta con ella misma. Farida se sentía un poco extraña, pero se sentía bien.

Desde que escuché la historia de Farida, procuro acudir a la fuente que purificó su corazón. De hecho, muchas son las personas que acuden a visitarla.

Cuentan también que, cuando Farida se hizo mayor, hizo un ritual de brujería que llenó de luz pura el claro de la fuente. A partir de entonces, cuando alguien pasa por allí, nunca más vuelve a enfadarse ni consigo mismo ni con los demás.

—Querida, ya tengo ganas de visitar la fuente de Farida —le susurró Dadhá al oído.

Hicieron un círculo de ceniza y los dos entraron en él. Luego invocaron a los espíritus. Ellos formaron el caballo a lomos del cual harían un viaje sexual. Ese caballo los llevaría donde habían decidido ir y tendrían una visión en los días siguientes o aprenderían algo.

Él, impregnado de luna, llevaba el cabello recogido en una cola y se veía más brillante. Sus manos recorrían los rincones de la piel de la Hija de la Tierra. Ella hacía bailar los rizos de su pelo y se insinuaba moviendo los labios. Con la luz de la hoguera de fondo se creó el escenario perfecto para intimar. Ella se mostraba entera y hermosa, desnuda y sin prejuicios delante de Dadhá. Se sentían tan unidos que podían reconocerse a través del sexo. La mano de Dadhá buscó el corazón en el pecho de la Hija de la Tierra. Ella respondió colocando la mano encima de la de él, tal vez quería asegurarse de que Dadhá sintiera cómo latía por él.

El día siguiente, Dadhá se levantó y se preparó un té. A continuación, se sentó debajo de un árbol y se quedó en silencio, pensando, reflexionando. Se dejó llevar por la magia del misterio de la vida. Comprendió que todo lo que veía allí fuera también podía encontrarlo en su interior.

«Mis actos y mis pensamientos siempre se han

encaminado hacia la comodidad, sin embargo, soy hijo de la intensidad, y hacia allí debo dirigir mis pasos y mis palabras a partir de ahora», pensó.

Mirando hacia donde los campos se confundían con el cielo, Dadhá se fijó en el trabajo de un pastor. Estaba utilizando una herramienta parecida a una horca de campesino. Con ella limpiaba todo lo que encontraba a su paso. De ese modo, conseguía acercarlo y recogerlo de una sola vez. Con unos pocos movimientos, el pastor sacó del espacio de su granja todas las hojas secas que había por el suelo.

«Desde la perspectiva del pastor, las hojas, una vez que las ha sacado de su granja, ya no existen —pensó Dadhá—, pero si el pastor amplía su perspectiva y observa más allá de los límites de su granja, comprenderá que las hojas no han desaparecido, que siguen ahí. Eso mismo debo hacer yo: ampliar mi perspectiva, observar más allá de mis límites y comprender que las hojas que retiré de mi camino siguen ahí». Esta reflexión le produjo una gran satisfacción a Dadhá.

Sus pensamientos se hicieron palabra:

—He tratado mis emociones del mismo modo que el pastor trató las hojas secas. Lo que sentía era incómodo y traté de apartarlo de mi conciencia escondiéndolo todavía más. De este modo, he convertido mi inconsciente en un vertedero emocional.

Todo esto empezó para él cuando se sintió insatisfecho con su espacio y deseó ir más allá de sus límites. Trató de abrirse paso en un camino de arena al cual ya no podía acceder como antes a causa de la cantidad de hojas acumuladas a lo largo de su pasado. Había tantas hojas esperando a ser recogidas que no intuyó dónde estaba el bonito camino de arena. Cuando se atrevió a ampliar sus horizontes personales, se encontró con algo misterioso que no le permitió hacerlo. Tuvo miedo de sentir cada una de aquellas emociones que había desterrado a lo largo de su vida. El miedo le apuntó hacia aquello que necesitaba atender para poder seguir avanzando.

—Por fin lo comprendo: solo se hace la voluntad de Dios o de la vida —concluyó Dadhá. Y añadió—: A partir de hoy me dejaré llevar por la vida, si me entrego a ella, todo será más fácil y se hará la voluntad de Dios sin interferencia alguna.

Emocionado, se acercó a la Hija de la Tierra y le dijo:

—Me he dado cuenta de que solo soy infeliz cuando me resisto a la vida; de que solo soy feliz cuando la vida me lleva a rastras y me recuerda que no estoy solo, que hay un amor universal que me sostiene. Yo creía que me encontraría el amor en otro lugar, y resulta que el amor lo llevamos dentro, en nuestro interior —dijo Dadhá llevándose la mano al corazón.

—Pues llevaremos ese amor a otros lugares, a otras personas, para que sepan que el amor reside en sus corazones.

—Iré contigo —respondió Dadhá—, porque ya he entendido que es la vida quien me respira; que la vida es según la voluntad de Dios; que será esa voluntad la que me llevará hasta la alegría, el amor y la paz en la pareja. Yo no muevo los hilos, por fin lo he comprendido. Me deshice del velo de la mente. Ese velo me separaba de los demás cuando, en realidad, estoy unido a ellos, a todos los demás, a todas las personas. Y con el velo de la mente se me cayeron los deseos: ahora no tengo nada que buscar porque nada deseo. A partir de ahora será Dios quien busque y yo quien encuentre para él. Él te buscó para mí y yo te encontré, por ello amo al universo, por conjurarse para que los dos fuéramos a encontrarnos aquel buen día en mitad de la selva.

Pero, al contrario de lo que esperaba Dadhá, sus palabras solo arrancaron un leve llanto en la Hija de la Tierra.

—¿Por qué... lloras, Hija de la Tierra? —Dadhá no comprendía su reacción.

Dadhá no sabía que la Hija de la Tierra había progresado mucho en su visión del mundo y ya era capaz de entender algunas cosas que no estaban al alcance de todo el mundo.

—No lloro por pena, Dadhá, sino de alegría por tu descubrimiento, que yo también comparto y celebro contigo. En tu vida siempre tendiste hacia la comodidad, pero tú eres hijo de la intensidad, y hacia ahí es hacia donde debes dirigir tus pasos. Y ahora veo que has llegado a ese descubrimiento.

—Pero ¿tú cómo...? —Dadhá se sintió

desorientado por un momento.

La Hija de la Tierra pensó que ambos tenían la conciencia en sintonía con el cielo. Y Dadhá, de alguna manera, supo escuchar aquel pensamiento, al que saludó con una sonrisa. La Hija de la Tierra también sonrió y abrazó a Dadhá.

—A veces me gustaría comprender mejor la vida —dijo Dadhá bajando la cabeza.

—La vida es para vivirla, no para entenderla —contestó la Hija de la Tierra tomando a Dadhá por el mentón y levantándole la cabeza—. No hace falta llegar hasta una situación difícil para reaccionar —añadió mientras sus dedos navegaban en el desorden de sus rizos—. No debemos sentirnos esclavos de las situaciones. Mírame a mí, por ejemplo —dijo mostrando las palmas de las manos al tiempo que abría los brazos—. Ahora soy una mujer del poblado de la Selva, pero por encima de todo soy una mujer. Y las mujeres sabias construyen su vida sin ser esclavas de terceras personas o sin ser esclavas de heridas anteriores. He aprendido que esto es vivir, y que hacerlo de otro modo es morir. El amor es siempre la respuesta a todo y actuar es la vía para demostrar ese amor.

—Gracias por tus enseñanzas, Dadhá—dijo la Hija de la Tierra mientras soltaba los rizos de Dadhá de la cola en la que los llevaba recogidos—. Me habías advertido y ahora sé lo importante que es superar las heridas que, si no lo remediamos, nos condicionan y nos impiden avanzar en la vida y cumplir nuestra leyenda personal.

—No hay nada que agradecer. Todo forma parte del aprendizaje. Lo que acertamos y lo que fallamos, especialmente esto último. Forma parte de la condición humana equivocarse, así que aprovechémoslo y aprendamos de nuestros errores; porque lo único importante aquí es que cada uno pueda vivir su leyenda personal.

Un nuevo abrazo selló las palabras de Dadhá y el aprendizaje de ambos. Al día siguiente todo sería distinto, pues ya sabían con certeza hacía dónde debían dirigir sus próximos pasos.

Aquel abrazo me trajo al corazón un poema que dediqué a mis amigos y que confío en que los vientos del cielo hayan llevado hasta sus oídos.

Decía así:

LA HIJA DE LA TIERRA

Y aparecen muñecas doradas

que si de veras me buscan

me encontrarán.

Yo ya la he entendido

y se pone contenta

Con poco le basta

para sacar dulzura

linda me quedo aquí,

no me hará falta preguntar.

Es que me lo dice su hada

es que me lo dice mi mago

es alegría, autenticidad

también la siento en la distancia,

me encanta a su lado volar.

Las palabras nos dan la fuerza,

ha crecido hierba muy fresca

flores del campo

he sentido a la hija de la tierra,

es verbena y me dice *good day*.

Hoy se ha levantado

por encima de las flores,

yo ya lo he entendido,

y ella se pone a bailar.

KISS ME LADY

He sentido a la hija del viento

y me siento afortunado;

flor de un torrente

humilde y tierna

de allí, del trigo,

de donde es la tierra,

lleva por dentro el mar.

Saltando paredes

vamos abriendo azules

hace verbena,

no duermo nada,

busco palabra,

paso pantalla,

paso frontera.

En un pispás

la noche es blanca y clara

es la hija del viento,

el mar lleva por dentro

un fuego te llevó

eres de colores

no me hace falta preguntar.

Kiss me lady

Kiss me good morning

Kiss me good night

duviduvi, dua…

AGRADECIMIENTOS

Espero tener siempre claro que solo el amor verdadero puede competir con cualquier otro amor de este mundo. Cuando lo damos todo, no tenemos nada que perder. Y es entonces cuando desaparecen la rutina o el miedo. Y solo queda la luz de un vacío que no nos asusta, sino que nos acerca el uno al otro. Una luz llena de aventuras, que siempre cambia, y esto es lo que la hace bonita, llena de sorpresas y magia. Evidentemente, no siempre las que esperamos, sino aquellas con las que podemos vivir, aprender, avanzar e ir cambiando despacio de piel. Solo la semilla que rompe su caparazón es capaz de atreverse a la aventura de la vida.

Agradezco a mi familia y amig@s el amor compartido. Gracias Gamal Abdul, Irene Calafell, Bernat Huguet, Paz legua, Isidoro Filella. Solo por creer en mí ya os tengo que estar agradecido.

Y a ti, lector, mil gracias por dedicar una parte de tu vida a sumergirte en mi mundo. Que tengas la lectura que quieres tener y que te pasen cosas muy bonitas. Deja que la alegría brote de la intimidad de tu corazón bueno y generoso.

Gracias a Dios Padre, Hijo y Espíritu Santo.

«La naturaleza benigna provee de manera que en cualquier parte halles algo que aprender».

Leonardo da Vinci

Sigue a Ramón Rossell en

@ramonrossell_escritor

Printed in Great Britain
by Amazon

79259022R00071